優渥叢書

最狂「主力剋星」教你用

140張圖學會
技術線型
賺大波段

該如何抓到台積電，
從 50 元漲到 680 元的買賣秘訣？

◎作者：麻道明

CONTENTS

前言 最狂「主力剋星」，教你搭上主升段上漲行情！ *005*

第1章

不想被甩轎，
你得懂「主升段」的基本知識

1-1 由 10 個市場現象，看出主升段飆漲行情 *008*
1-2 主力拉升常用的 8 大操作 *012*
1-3 單波式主升段的 3 種結構 *016*
1-4 兩波式主升段的 4 種結構 *032*
1-5 兩波行情之間的邏輯結構 *054*

第2章

別再錯過飆股，
教你看穿個股「最佳買點」！

2-1 線型：從技術面看主升段的 5 大特徵 *064*
2-2 範例：主升段的 6 大經典形態 *089*
2-3 篩選：用 5 大面向，抓出即將上漲的飆股 *105*
2-4 陷阱：學會看穿「假突破」和「無效突破」 *114*

第3章

簡單教你7大「技術線型」，
讓你勝率接近100%！

3-1 從「量價」中捕捉主升段 *120*

3-2 從「均線」中捕捉主升段 *125*

3-3 從「K線」中捕捉主升段 *134*

3-4 從「波浪」中捕捉主升段 *154*

3-5 從「指標」中捕捉主升段 *167*

3-6 從「形態」中捕捉主升段 *194*

3-7 從「趨勢」中捕捉主升段 *204*

第4章

7個訊號教你看出，
主力下車前的「最佳賣點」！

4-1 主升段結束的7個代表性訊號 *212*

4-2 主升段結束後的2種常見走勢 *227*

4-3 主升段的風險，有這些控制技巧 *232*

後記 學會看主升段的規律，散戶也可以大賺波段！ *235*

最狂「主力剋星」，
教你搭上主升段上漲行情！

捕捉主升段，讓你掌握獲利的金鑰；

捕捉主升段，讓你的財富穩定增長；

捕捉主升段，讓你搭上主力快車之道；

捕捉主升段，讓你成為短線波段操作大師；

捕捉主升段，抓住牛股起飛。

在股市中，最令人心跳和興奮的就是主升段，它是一段漲速最快、漲幅最大、力道最強的拉升行情，也是投資人孜孜追求的目標。

股市是一條通向快速成功的捷徑，也是一條瞬間走向破產的絕路。這就是股市「高收益、高風險」的特點，也是主升段的本質。在股價拉升之後，充滿著巨大的風險，如果操作不當，其風險甚至遠遠大於收益。

❖ 掌握主升段行情，抓住個股買賣最佳時機

股價上漲令人心跳澎湃，股價下跌讓人心灰意冷。在證券市場發展過程中，特別是主力盛行的情況下，股價大起大落似乎是見多不怪的事。股價可以在短期內漲得讓你不敢相信，也可以快速下跌讓你難以接受。這種驚心動魄、翻雲覆雨的盤面劇烈波動，就是當前瘋狂市場的真實反映，所以，主升段牽動著關注市場變化的每一位投資人的神經。

就大多數短線投資人而言，失去主升段的獲利機會，往往就意味著失去快速獲利的機會，所以主升段幾乎是每一個投資人所期盼的。個股的短期大漲，吸引著無數投資人的眼球，只要抓住其中的主升段行情，就能在短期內快速獲利，其收益甚至超過一年的疲憊奔波。

　　基於此，本書從投資人急於獲利的心理下筆，深入探索主升段的成因、主升段的啟動形態，並結合各種技術分析，使投資人能完整掌握主升段、輕鬆捕捉主升段行情，實現穩定獲利的投資目的。

❖ 本書結構完整，注重實戰分析

　　全書詳細系統地介紹了主升段階段中的主力運作邏輯、操作手法、盤面特徵、操作技巧等，透過盤面細節、量價關係、分時走勢的分析，作出迅速而準確的判斷。以及主升段是否啟動？主升段行情能走多高、走多遠？主力以什麼樣的運作手法將股價快速拉高？又以什麼樣的方式結束主升段？

　　一個個困擾市場已久的技術難題，在書中一一被解開。讓投資人根據盤面所透露出來的市場訊息，快速抓住主升段所提供的全新視角和獨特的思維方式。

　　本書客觀再現了股市 30 多年的運行規律和特點，也是反映股市大漲大跌的生動範本，為投資人提供了一套攻克難題的分析方法。

　　全書以理論為前提，注重實戰分析，突顯實用技巧，力求引導和提高投資人的分析能力，構建和完善交易體系，鞏固和掌握主升段的操盤技能，書中所介紹的技術要點，對臨盤操作具有十分重要的意義。無論新老股民、中小散戶投資人，還是職業操盤手、專業股評人士，歡迎共同探討。

作者／麻道明

第**1**章

不想被甩轎，
你得懂「主升段」的基本知識

1-1

由 10 個市場現象，看出主升段飆漲行情

　　主力操縱股價所帶來的負面影響，已被越來越多的投資人所認識，對於投資人來說，也許最重要的是如何用理智的方式買賣，不追漲殺跌、不盲目跟風。要做到這一點，當然要認清操盤行為的本質，瞭解主力股所表現出來的市場現象，掌握主升段的以下基本特點。

1. 股價出現暴漲暴跌
　　受主力操縱的股價極易出現這種現象，因為在市場環境較為寬鬆的條件下，操盤的基本過程就是先拼命將股價推高，或者與上市公司配合，藉由配股等手段造成股價偏低的假象，在獲得足夠的空間後開始出貨。並且利用投資人搶反彈或者除權的機會，連續不斷地賣出，以達到其牟取暴利的目的，其結果就是不可避免的股價長期下跌。

2. 成交量忽大忽小
　　主力無論是建倉還是出貨都需要有成交量配合，有的主力會採取底部放量拉高建倉的方式，而主力股出貨時則會造成放量突破的假象，以吸引跟風盤介入，從而達到出貨目的。

　　另外，主力也經常採用對敲、對倒（註：對倒是指主力一邊在上方堆積籌碼，一邊從下方不停地往上拉升股價，促使股價快速上漲）的方式轉移籌碼或吸引投資人注意，無論哪一種情況都會導致成交量急劇放大。同時由於主力股的籌碼主要集中在少數人手中，其平常成交量會呈現極度萎縮的狀況，從而大大地降低了股票的流動性。

3. 交易行為表現異常

主力股走勢經常出現的幾種情況是，股價莫名其妙地低開或高開、尾盤拉高收盤價，或偶而出現較大的買單或賣單，人為做盤跡象非常明顯。還有盤中走勢時而出現強勁的上揚，突然又大幅下跌，起伏劇烈，這種現象在行情末期尤其明顯，表示主力控盤程度已經非常高。

4. 公司業績大起大落

大多數主力股的市場表現與公司基本面有密切關係，在股價拉高過程中，公司業績會明顯提高，似乎股價的上漲是公司業績增長的反映、個股股價的翻倍就是業績的翻倍。但這種由非正常因素引起的業績異常提高或異常惡化，都是不正常的現象，對股東的利益都會造成損害。

此外，很多主力股在股價下跌到一定階段後，業績隨即出現下滑，這種上市公司利潤的數據就很值得懷疑。

5. 股東人數變化較大

根據上市公司的年報或半年報所披露的股東數量，可以看出主力股的股價完成，是一個從低到高，再從高到低的過程，實際也是股東人數從多到少，再從少到多的過程。

在股東名單上，主力為了達到控盤目的的同時，避免出現一個機構或個人持有的流通股超過總股本 5% 的情況，就必須利用多個非關聯帳戶同時買進，這種做法也使市場的有效監管增加難度。

6. 股價走勢逆市而動

一般股票走勢都是隨大盤同向波動，主力股卻往往在這方面表現與眾不同。他們在建倉階段，逆市拉抬便於快速拿到籌碼；在震盤階段，利用先期搜集到的籌碼，不理會大盤走勢，打壓股價，造成技術上破位，引起市場恐慌，進一步增加持籌集中度。

在拉升階段，由於在外浮籌稀少，逆市上漲不費吹灰之力，其間利用對敲等違規虛抬股價手法，股價操縱易如反掌，而且逆市異軍突起，反而容易引起市場關注，為將來順利出貨埋下伏筆。

到了出貨階段，趁大勢止穩回暖之機，抓住大眾不再謹慎的心理，藉勢

大幅震盪出貨，等到出貨後，就上演高台跳水、反覆打壓清倉的伎倆，直至股價從哪裡來再往哪裡去。

7. 消息反應異乎尋常

在公正、公開、公平資訊披露制度下，市場股價會有效反映消息面的情況，利多消息有利於股價上漲，反之亦然。然而，主力股則不然，主力往往與上市公司聯手，上市公司事前有什麼樣的消息，主力都了然於胸。甚至私下蓄意製造所謂的利空、利多消息，藉此達到主力不可告人的目的。

比如，主力為了能夠儘快完成建倉，人為散佈不利消息，進而運用含糊其辭的公告，以動搖投資人的持股信心。又如，等到股價漲幅驚人後，之前一直不予承認的利多傳聞卻兌現，但股價卻是見利多後出現滯漲，最終落得個暴跌。

8. 市場追逐流行概念

市場上曾經一度形成一種概念炒作熱，有人認為概念的營造要比上市公司的業績改觀來得容易，而且具有更大的想像空間，而這些概念往往被主力藉機進行混水摸魚。

9. 主力偏好中小型股

翻開歷史主力股，主力股橫行之時十之八九是小型股，究其原因恐怕不外乎以下以下 4 點。

- 小型股流通市值小，對資金要求不高，操盤時間相對較短，風險可控程度高。
- 小型股對大盤指數影響小，不易引起監管層的注意。
- 大公司相對規範嚴格，小公司易配合支持主力。
- 小公司才有機會發生突飛猛進的上漲，透過關聯交易，略施小計就能暗渡陳倉。

10. 主升段的技術訊號

一輪行情中漲幅最大、上升持續時間最長的行情就是主升段，主升段比較類似於波浪理論中的第 3 浪或第 5 浪，主升段往往是在大盤強勢調整後迅

速展開，它是投資人主要的獲利階段，屬於絕對不可以錯過的「黃金階段」。

　　從技術角度分析，主升段行情具有以下 4 個確認標準。

- 市場人氣被成功啟動。
- 均線系統呈多頭排列。
- 技術指標強勢特徵明顯。
- 成交量大幅放大。

1-2 主力拉升常用的 8 大操作

主力在主升段中的運作方法很多，常用的有飆升、跳空、漲停、逼空、對倒、推升、貼線、滾動等 8 個操作方式。

(1) 飆升：股價直線式飛速上漲，像火箭一般飆升，其間沒有任何回檔或調整，這種手法在分時圖和日 K 線圖上均常出現。

(2) 跳空：股價跳空是主升段行情的常見現象，跳空高開直線上漲，其後也不進行調整（起碼在波段內不調整），以吸引投資人的注意，並且製造高漲人氣。在單波式主升段中，幾乎每一支個股都有跳空現象；但在二波、三波以上的主升段，卻不一定會有跳空形態出現。

(3) 漲停：以漲停甚至連續漲停的方式飛速拉升，以使股價在很短的時期內到達預定的目標區域，這是主升段的主要手法之一。所以，當股價出現強勢漲停時，往往意味著主升段的展開，這時投資人應有所關注。

如圖 1-1 大智慧（601519）的 K 線圖所示，在該股主升段拉升過程中，飆升、跳空、漲停這三種手法一目了然。主力成功吸納了大量的低價籌碼後，於 2019 年 2 月 19 日向上突破底部區域，股價進入拉升階段，形成直線式飆升上漲。其間，多次大幅跳空到漲停板價位開盤，全天封盤不動。在拉升過程中，沒有任何回檔或調整，盤面人氣高漲，主力一口氣將股價拉升到預定的目標價位區域。

(4) 逼空：經過充分的震盪調整之後，一旦形成有效突破，進入主升段拉升，多方往往不給空方任何反攻的機會，逼迫空方在更高的價位反手買進，從而使主升段行情變得更加波瀾壯闊。

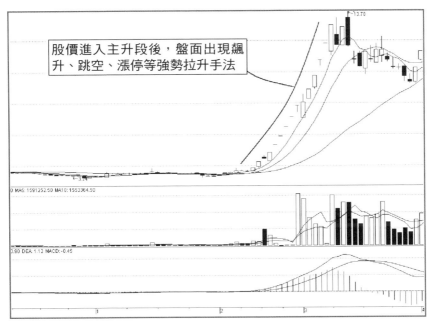

股價進入主升段後，盤面出現飆升、跳空、漲停等強勢拉升手法

▲ 圖 1-1　大智慧（601519）日 K 線圖

　　(5) 對倒：一邊在上方堆積籌碼，一邊從下方不停地往上拉升股價，促使股價快速上漲。要注意的是，對倒與對敲是不一樣的，對敲時可能大幅拉升股價，也可能不拉升股價。此外，對敲的性質偏重於股價的成交量，而對倒的性質在偏重成交量的同時，也偏重股價的漲勢。

　　(6) 推升：股價上漲像推土機一樣，緩慢地推升股價，但能清除一切「障礙」，漲幅同樣驚人。推升在分時圖上的表現最為明顯，主力在買一至買五的價位上大筆掛買單，又在賣一至賣五的價位上堆放賣單，然後不急不徐地依次逐一成交賣一至賣五價位上的賣單（幾乎每分鐘均以上一個價位成交），每分鐘上漲的速度雖然很慢，但全天均衡上漲所累積的漲幅卻很大。

　　由圖 1-2 東方通信（600776）K 線圖中，可以看到該股主力在低位吸足籌碼後，於 2018 年 11 月 26 日進入主升段拉升，然後經過洗盤整理，在 2019 年 2 月 11 日出現第二波主升段拉升。在兩波拉升過程中，主力採用逼空、對倒、推升等手法，將股價頑強拉高，盤面緊貼 5 日均線上漲，盤面氣勢恢宏，不可阻擋。

13

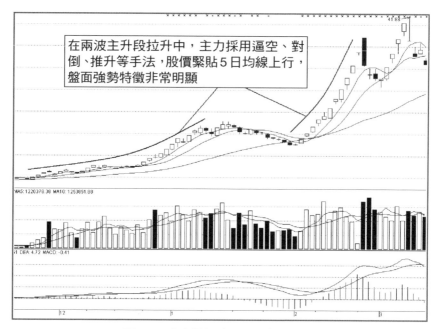

在兩波主升段拉升中，主力採用逼空、對倒、推升等手法，股價緊貼 5 日均線上行，盤面強勢特徵非常明顯

▲ 圖 1-2　東方通信（600776）日 K 線圖

　　(7) 貼線：主升段啟動後股價緊貼著均線拉升，即便有短暫的調整，也是緊貼均線上行。劇烈拉升的股票，一般緊貼 5 日均線上揚；拉升程度稍差一點的股票，一般緊貼 10 日均線上揚，股價通常不會跌破 30 日均線。

　　(8) 滾動：在主升段拉升過程中，股價雖然不斷有小幅調整，但每次調整後上漲的幅度，都大於回檔的幅度，股價以退一進三的方式拉升。在股價拉升期間，就是經常以小幅調整但不間斷地滾動上漲的方法，來完成股價拉升。

　　如圖 1-3 華鐵科技（603300）K 線圖所示，該股主力成功完成建倉計畫後，從 2019 年 2 月初開始股價穩步向上走高。主力在拉升過程中，就採用了貼線和滾動手法拉升股價，股價緊貼 10 日均線上行，量價配合，盤面張馳有序，操盤手法得當，在大家不知不覺中，股價已經超過一倍。

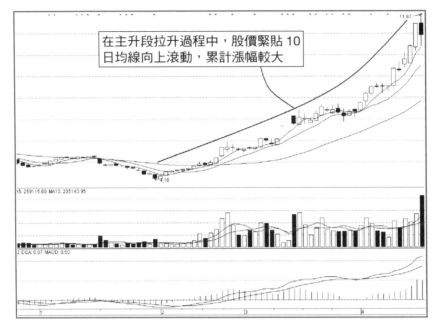

▲ 圖 1-3　華鐵科技（603300）日 K 線圖

1-3 單波式主升段的 3 種結構

　　主升段是指股價在某一段時間內，漲速最快、漲幅最大的一個階段。這對於中短期主升段來說，問題比較簡單，但對中長期主升段來說，問題就複雜多了。很多長期大牛股的走勢，往往經過一段主升段後，出現較大幅度的回落調整，然後，股價又會重新頑強地上漲，展開新一輪或幾輪的主升段行情。從長期走勢來看，這些大牛股的大主升段，就是由一個個小主升段連接而成的，這也就是波浪理論中的「大浪套小浪」。

　　為了方便理解、化繁為簡，筆者對主升段結構形態進行分類：主升段的基本形態大致可分為單波式、兩波式、三波式、多波式四種結構。以下就單波及兩波式作說明，至於三波式及多波式結構，請參見同樣為筆者所著的《160 張圖學會主升段操作法》（大樂文化 2022.4 出版）一書中，有完整說明。

　　單波式結構是指「在整波主升段的中途沒有出現整理，股價呈連貫性上漲，一浪到頂。」**這是主升段行情的一個最基本的形態，也是組成兩波、三波和多波主升段形態的基礎結構。**兩波、三波和多波主升段，正是由兩個或多個單波式主升段疊加而成的。所以，透過深入分析和研究單波式主升段結構的成因、形態、啟動特點、量度漲幅、量能變化等要素，就可以輕易延伸到兩波、三波和多波主升段的研究之中。

　　主升段從上漲速度上可以分為兩類：一是短期暴漲式主升段；二是中期慢牛式主升段。由於短期暴漲式主升段，是股市最大最快的獲利機會，也是短線投資人最熱衷追逐的交易品項，所以作為重點內容進行分析。

短期暴漲式主升段是指：股價能夠在短期內快速上漲，且在股價上漲期間，5 日均線和 10 日均線不會出現死亡交叉的現象。

從 K 線形態上看，短期暴漲式主升段可從強到弱分為三種形態：一是連續漲停式結構；二是連續大陽式結構；三是陰陽組合式結構。下面就這幾種類型主升段進行分析研究。

❖ 連續漲停式主升段結構

這種主升段形態，大多以漲停板的形式拉升為主，一般出現連續 5 個以上的漲停板走勢，從而形成暴漲式主升段行情。其中，又可以細分為三種類型：一是連續一字形漲停式；二是先出現 2 到 3 個一字形漲停後，再拉出 3 個以上的大陽線漲停板；三是連續 5 或 6 個以上大陽線漲停式。

1. 連續一字形漲停式

這種盤面形式是指在 5 個以上的連續交易日裡，股價從漲停板價位開盤，且全天封盤不動，所有的成交均是在漲停板位置上，從而形成連續的一字形漲停式的 K 線形態。毫無疑問，此種形態為所有主升段中漲勢最強烈的一種。

那麼，這種主升段形態是怎麼形成的呢？從表面上看，是由巨量買盤追高造成的，在漲停板上排隊的巨大買盤，將賣盤全部「吃光」。由於漲停板上的買盤巨大，在前 3~4 個漲停板時，賣盤稀少，導致在漲停板上成交稀少，形成無量空漲現象。

但實質上這種主升段的真正原因：一是由個股突發性的特大利多造成。二是資金推動的強勢主力蠻橫行為。通常會形成特大利多的，有重大資產重組和重大資產注入兩類。但不管是哪種利多，必須是屬於股市當下最熱門概念的資產，或者是能夠給上市公司帶來巨大利潤的資產。

如圖 1-4 置信電氣（600517）的 K 線圖所示，2019 年 4 月 1 日，帶著重大資產重組的消息復牌後，股價連續拉出 9 個一字形漲停，盤面形成一浪到頂的主升段走勢，中間沒有停頓和整理，這類個股打開一字漲停板就是階段性頂部，應逢高及時離場。

如圖 1-5 盛和資源（600392）的 K 線圖所示。該股是在資金推動下形成

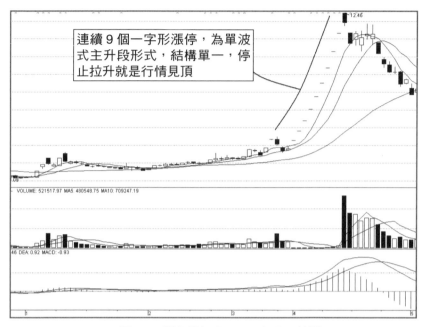

連續 9 個一字形漲停，為單波
式主升段形式，結構單一，停
止拉升就是行情見頂

▲ 圖1-4　置信電氣（600517）日 K 線圖

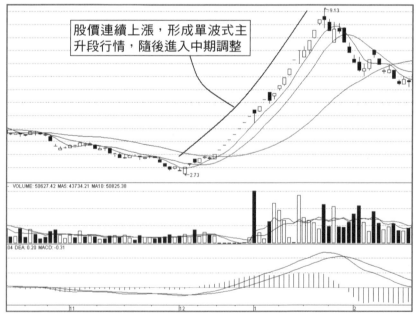

股價連續上漲，形成單波式主
升段行情，隨後進入中期調整

▲ 圖1-5　盛和資源（600392）日 K 線圖

的單波式主升段行情，也是一波超跌反彈行情，股價上漲並沒有受到某種突發的、公開的利多刺激（當然背後可能隱藏某種中長期利多），完全是由主力主導下的主升段行情。股價連拉 7 個一字形漲停板後，繼續大幅上漲，一浪到頂，完成了單波式上漲主升段行情。

近年來市場中，完全由主力資金推動，而連續出現多個一字形漲停的股票已經不多見了，這種方式將漸漸地淡出市場，而更多的是得到利多的支撐而形成的飆漲行情，所以投資人注重技術面分析的同時，應多關注基本面的變化所引發的暴漲機會。

透過以上兩個實例可知，**一字形上漲主升段是所有主升段中漲勢最強烈的一種走勢**，很多投資人對於這種主升段的操作方法非常感興趣。在探討一字形上漲主升段的操作方法之前，應當先瞭解一字形上漲主升段形成的必要條件。一般而言，一字形上漲主升段的形成需要滿足 4 個條件：

(1) **要有重大利多**：這是一字形上漲主升段形成的內因，利多越大，股價上漲空間越大，強度越強。

(2) **絕對股價要低**：股價越低，前期調整越充分，後市股價上漲的潛在空間就越大。

(3) **比價效應要大**：比價效應（或稱作股價差值）是指個股股價要遠遠低於同板塊裡其他股票的平均股價，為了達到或接近同板塊其他股票的平均股價，個股股價就有較大的上漲空間。股價差值＝同板塊其他股票平均股價－該股股價。股價差值越大，表示比價效應越大，股價的潛在漲幅越大。

(4) **前期漲幅不應太大**：一般來說，在主升段啟動前的股價漲幅越小，或者處於盤整的股票，在其利多公告後，形成多個一字形的概率（機率）越高；反之，則越低。

投資人掌握了這 4 個必要條件後，就可以大致估計利多公佈後能走出多少個一字形漲停板，這有助於一字形上漲主升段的預測與操作。其實，預測與操作是密不可分的。當預測的股價還會上漲時，就可以繼續買入或持股，甚至會在漲停板上排隊買入；相反，當預測的股價還會下跌時，就要及時賣出，甚至在跌停板排隊賣出。

由於一字形上漲主升段來勢洶湧，股價往往呈現暴漲暴跌的走勢，預測顯得更為關鍵。若預測準確而買入，很可能會獲得短期暴利；而若預測錯誤而買入，則立即會被套牢，甚至會被深套。

從整體來看，以上所講的一字形上漲主升段形成的 4 個條件，還只是停留在戰術層面，從更高的戰略層面來看，一字形主升段的形成其實就是由兩個因素決定：一是估值，二是比價效應。其實，不只是一字形上漲主升段，其他任何主升段或股價波動，本質上也都是由這兩個因素所決定的。

2.「一字形＋漲停板」式

這種主升段形態的盤面現象，是先拉出 2~3 個一字形漲停後，再拉出 3 個以上的大陽線漲停板。其特點是：股價先啟動 2~3 個一字形，但在其後的幾個交易日，股價沒有能力繼續保持一字形上漲，但還是能夠在高開後以漲停板收盤（後面的漲停板不一定要求連續出現，中間可以夾雜小陰小陽 K 線），這種主升段也可以走出 5 個以上的漲停板。

這種形式的主升段是一字形上漲主升段的變體，兩者有異同之處。其相同之處有兩點：一是成因相同，兩者大多是因突發性利多而啟動的一輪主升段；二是兩者在前面的 2~3 個一字形的走勢完全相同。

其不同之處也有兩點：一是主升段的後期形態不同。一字形上漲主升段能夠連續走出 5 個以上的一字形，而該形式的主升段一般只能走出 2~3 個一字形，其後只能走出高開漲停板。

二是放量情況不同。一字形上漲主升段放一次量，一般是在最後一個一字形打開時放出巨量，甚至是天量，同時股價也見到短期的最高點，呈現較為標準的「天量天價」形態。但這種形態的主升段一般有兩次放量，第一次放量通常是在第 4 個高開漲停板那天，第二次放量是在主升段最高點的那天。

如圖 1-6 魯信創投（600783）的 K 線圖所示，股價經過向下打壓誘空後，2018 年 11 月 5 日以大陽線形成向上突破，接著收出兩個一字形漲停，第 4 天出現高開高走陽線，成交量大幅放大（第一次放量）。這種現象可以認作股價上漲模式將從一字形轉為高開漲停方式，這也意味著盤面將出現一定震盪幅度。

隨後，經過 3 個交易日強勢震盪後，股價再次連續拉出 4 個漲停板。11 月 20 日，股價高開後，在上漲慣性的作用下出現上衝走勢，由於上方賣壓加重，股價出現衝高回落走勢，當天收出一根帶長上影線 K 線，盤面呈現「天量天價」現象（第二次放量）。

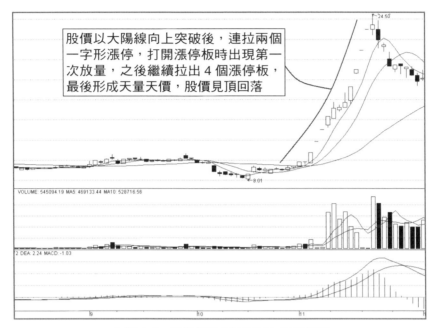

股價以大陽線向上突破後，連拉兩個
一字形漲停，打開漲停板時出現第一
次放量，之後繼續拉出 4 個漲停板，
最後形成天量天價，股價見頂回落

▲ 圖1-6　魯信創投（600783）日 K 線圖

　　該股出現一字漲停打開放量，改變了一字形的上漲模式，為什麼還能走
出包括兩個一字形在內，共計8個漲停板的強勢呢？主要是因為，一是受「創
投概念」利多消息發酵；二是該股股價處於底部區域，前期調整非常充分，
股價有一定的上漲潛力；三是該股有實力強大的主力在其中運作，主力憑藉
實力進行短炒套利。

　　如圖 1-7 成飛集成（002190）的 K 線圖所示，2014 年 5 月 19 日，因公
司發佈關於發行股份購買資產，並募集配套資金消息，從而使該股啟動了一
輪「一字形＋漲停板」式主升段。該股先是連續收出 5 個縮量的一字形漲
停板，5 月 26 日從漲停板價位開盤後，出現了震盪走勢，當天收出 T 字形
漲停 K 線，隨後進行短期的強勢整理，再度開始向上攻勢，期間收出多個
高開漲停板，形成一波主升段行情。

　　整個走勢符合「一字形＋漲停板」式主升段，啟動主升段的原因是利多
消息刺激，而且啟動前期股價調整充分，屬於有上漲潛力的低價股。不能連
續形成一字形上漲的原因，是利多消息並不能使公司短期產生利潤，但又存

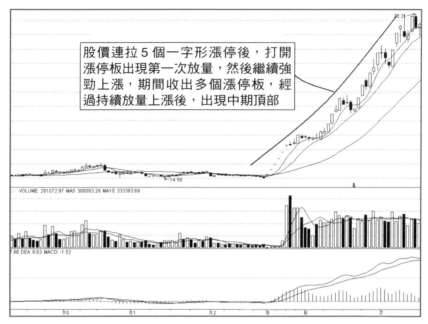

股價連拉 5 個一字形漲停後，打開漲停板出現第一次放量，然後繼續強勁上漲，期間收出多個漲停板，經過持續放量上漲後，出現中期頂部

▲ 圖 1-7　成飛集成（002190）日 K 線圖

在長期性利多，所以打開一字形後股價仍將繼續上漲。

從圖中可以看出，該股從第 6 個漲停板開始，股價上漲模式發生了變化，由一字形改變為高開漲停式上漲。在這類個股中的操作方法，等待股價縮量回檔到 10 日均線附近，然後再次放量上攻時介入，當盤中出現放量滯漲時退出。

在技術方面應注意四點：一是縮量回檔，說明股價打開一字形漲停時，釋放了大量的短線浮動籌碼，然後盤面很快被主力掌控，表示主力籌碼沒有大規模出逃。二是在 10 日均線附近止穩，說明盤面強勢依舊，股價仍有上攻動力，一旦擊穿 10 日均線支撐而不能很快恢復，那麼多頭士氣必將遭到重挫，上漲勢頭大打折扣。

三是再次溫和放量上漲，說明有新的資金介入，盤面出現正常的上漲走勢，如果出現快速的放量上漲，小心階段性頭部形成。四是放量滯漲時退出，這裡包含兩層意思，即放量和滯漲。一般而言，放量但不滯漲，可以繼續持有；滯漲但不放量，也可以謹慎持有。當兩者同時出現時，見頂的概率就大

增，當然這只是一般規律，具體還要視個股而定。

3. 連續大陽線漲停式

這種主升段形態的盤面現象，以一個漲停板為主升段的開端，在主升段上漲過程中，能夠出現 2 組以上的 2~3 漲停板的組合，總計能夠出現 5 個以上的漲停板。這種主升段形態有時也會出現一個一字形，但不會連續出現多個一字形，要是出現連續的一字形，那就歸類為連續一字形主升段了。而且，這種形式出現的一字形，有可能出現在第一個漲停板，也有可能出現在第二個漲停板。

另外，這種形式的主升段也有幾種變體，比如，可以在漲停板中夾帶幾根非漲停板的 K 線，但不管其出現多少種變化，其基本形態是連續漲停板，且股價在主升段過程中，絕不會出現跌破 10 日均線的情況。

通常在實盤中，第 3 個和第 4 個漲停板的走勢和成交量情況，往往決定著該股後市能否繼續上漲。從近幾年的股市實盤分析，出現第 3 個和第 4 個漲停板後，就短期見頂的股票佔了 80%~90%，能夠繼續上漲而展開主升段的，只佔約 10%~20%。因此，更應深入研究一下連續漲停板式主升段的成因、形態和特點，以提高捕捉主升段的成功率。

形成這種主升段一般有五個因素：一是股價超跌反彈；二是有突發性利多；三是比價效應明顯；四是技術面突破；五是主力資金推動行為。

一般而言，主力要想借助一個模糊的題材，發動一輪連續漲停板的主升段，那麼主力就必須做好啟動前三個漲停板的準備，如大盤配合、題材受到市場認可，那麼主力可以繼續挺進，在跟風盤的協助下，再拉出幾個漲停板，打一個漂亮的主升段之戰；若大盤不配合，或者題材沒有受到市場認可，那麼主力就可能成為孤家寡人，在多數情況下，只好收手撤退。

如圖 1-8 恒立實業（000622）的 K 線圖所示，該股主力完成建倉計畫後，2018 年 10 月 22 日以一字形漲停啟動，股價出現持續拉升行情，多頭技術特徵明顯。股價緊貼 5 日均線強勢上行，上漲角度非常陡峭。在 K 線形態上，以一字線、T 字線和漲停大陽線方式出現，且伴有多個向上的跳空缺口。這時投資人可以一路持有待漲，直到股價在高位滯漲後，2018 年 11 月 20 日大陰線擊穿 5 日均線時，逢高及時離場。

從走勢中可以看出，該股出現一字形漲停後，次日接著出現 T 字形漲

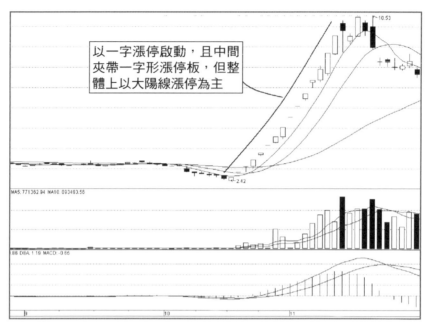

以一字漲停啟動，且中間
夾帶一字形漲停板，但整
體上以大陽線漲停為主

▲ 圖 1-8　恒立實業（000622）日 K 線圖

停，隨後以高開大陽線漲停的方式上漲，主力連拉多個漲停，突破盤整區壓力，表示主力做多意願強烈，這樣的走勢一般短期上攻強度都非常大，往往出現大幅度的主升段行情。投資人遇到這類個股時應大膽介入，在高位出現滯漲訊號時果斷了結，獲取主升段的豐厚利潤。

　　如圖 1-9 德新交運（603032）的 K 線圖所示，該股大幅下跌後在低位出現震盪，主力逢低吸納大量低價籌碼。2018 年 8 月 20 日，收出漲停大陽線，從而產生一輪超跌反彈拉升行情，15 個交易日中拉出 12 根漲停大陽線。在高位經過反覆震盪後，從 2019 年 2 月 28 日開始出現新一輪拉升行情，連續拉出 6 根漲停大陽線。

　　這樣的個股只要出現調整，就是非常好的買入點，特別是第一次出現調整的時候，後面大多有不俗的表現，但出現多次調整時，就要注意短期風險了。

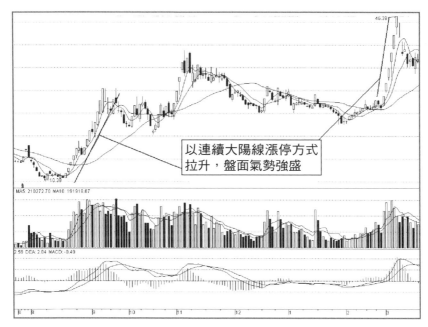

▲ 圖 1-9　德新交運（603032）日 K 線圖

❖ 連續大陽式主升段結構

　　這種主升段形態大多以大陽線上漲為主（或中間出現一兩個漲停板），中間夾帶一些小陰小陽或十字星 K 線，其上漲強度比前面所講的「連續漲停式主升段」要弱得多，但上漲勢頭仍不可低估，因此也是主升段捕捉的重點。這種主升段同樣是上述五個原因：一是股價超跌反彈；二是有突發性利多；三是比價效應明顯；四是技術面突破；五是主力資金推動行為。

　　無論是什麼原因引發的主升段，其盤面形式通常有三種類型：一是連續大陽線攻擊形態；二是中間夾帶小陰小陽或十字星形態；三是中間出現短暫停頓的調整形態。但無論屬於何種類型，中間都會出現一兩個漲停板，且上漲過程中，一般不會有效擊穿 10 日均線的支撐。

1. 連續大陽線攻擊形態

　　這種主升段是指股價連續出現 5 根以上的上漲大陽線，盤面出現逼空行

情，分時走勢逐波上漲，陽線的上下影線大多比較短小或為光頭光腳的 K
線，期間不時也出現漲停板形態。

　　如圖 1-10 聯創互聯（300343）的 K 線圖所示，該股被實力強大的主力
相中，主力成功地完成建倉計畫後，出現一波漲幅較大的主升段行情。在盤
中連續收出 19 根上漲陽線，以上漲大陽線為主，期間出現了 5 根漲停大陽
線，形成逼空行情。

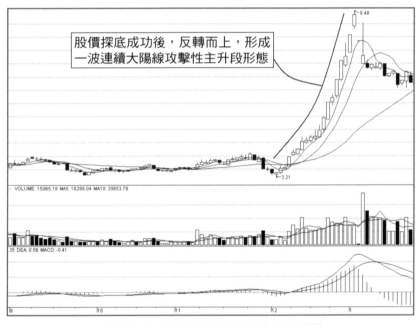

股價探底成功後，反轉而上，形成
一波連續大陽線攻擊性主升段形態

▲ 圖 1-10　聯創互聯（300343）日 K 線圖

　　這種走勢既有技術因素，又有主力因素。技術方面就是股價突破了上市
4 個多月以來的新高，上漲空間被有效打開。主力方面就是在短時間內完成
了建倉、洗盤、拉高計畫，顯示出主力實力強大，控盤手法蠻橫，同時也反
映出主力急躁的一面。這類個股的買入點，就是股價突破壓力創出新高之
時，一旦買入失誤，可以在股價有效跌破 30 日均線時賣出。

2. 中間夾帶小陰小陽或十字星形態

在這種主升段中，大陽線之間夾帶一些較小的 K 線，這些小 K 線並不影響股價的上漲勢頭，反而有利於股價的加速上漲，因為透過小 K 線的震盪洗盤後，股價上漲更加穩健。

在上漲過程中，經常出現高開低走的假陰線（實際股價仍上漲），以此達到洗盤效果，又能使盤面保持強勢狀態。在上漲過程中，以大陽線為主，上下影線較短小或為光頭光腳的 K 線，不時伴隨著漲停板 K 線，一般股價不會有效跌破 10 日均線的支撐。

如圖 1-11 美錦能源（000723）的 K 線圖所示，該股進入震盪築底階段，主力在此期間吸納了大量的低價籌碼。2019 年 1 月 14 日，股價放量漲停，開啟一波主升段行情。從圖中可以看出，在拉升過程中夾帶一些小陰小陽 K 線，使浮動籌碼及時離場，然後股價一氣呵成，一浪到頂，盤面穩健，股價堅挺有力，每一次調整都是介入的好機會。

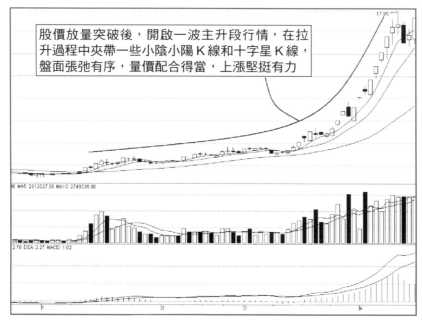

▲ 圖 1-11　美錦能源（000723）日 K 線圖

3. 中間出現短暫停頓的調整形態

此種主升段形態與前面兩種形態基本相同，不同之處就是該形態中偶爾出現短暫的調整走勢，但這種調整不會對上漲勢頭造成破壞，盤面依然保持強勢調整狀態，這是主升段中的正常「小憩」。經過「小憩」後更多有利於主升段的向上發展，而且不會有效跌破 10 日均線支撐。

如圖 1-12 冠豪高新（600433）的 K 線圖所示，該股見底後漸漸向上走高，股價成功脫離底部區域，緊貼 10 日均線向上拉高，出現一波以大陽線為主的主升段行情，在漲幅超過 300% 的行情中只出現 2 個漲停板，可見主力實力之大、控盤之高。

在整個走勢過程中，中間出現幾次停頓現象，雖然停頓但沒有明顯下跌，更沒有跌破 10 日均線，表示主升段依然強勢持續中。在這類個股中，應堅定持股與主力共舞到底，可以在 10 日均線附近做多。

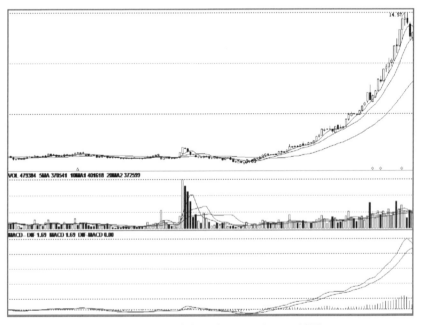

▲ 圖 1-12　冠豪高新（600433）日 K 線圖

❖ 陰陽組合式主升段結構

陰陽組合式主升段是指在主升段形態中，會出現一些小幅調整走勢，股價有時跌破 10 日均線，但不會構成有效突破，很快返回到 10 日均線之上，在實盤中以大陽小陰為主的 K 線組合形態。因此，就其盤面攻擊力而言，連續漲停板式主升段最強，連續大陽線式主升段次之，而大陽小陰組合式主升段最弱。

雖然這種主升段看起來屬於最弱的一種，但其上漲強度依然勢不可擋，累計漲幅也不低，有時甚至超過前面兩種的漲幅。因為這種走勢屬於慢牛性質的主升段，盤中浮動籌碼比較少，所以持續時間往往比較長，累計漲幅也比較大，是該形態的一大特點。

前面說過，單波上漲式主升段是指在整波主升段中中途沒有整理，股價呈連貫性上漲，一浪到頂。「中途沒有整理」包含兩層意思：一是指股價短暫的小調整，主升段並沒有結束，在調整後股價又可繼續創出新高，展開第二階段的主升段走勢；二是指股價出現中長期的大調整，一波主升段徹底結束，在調整後股價在一兩年內一般很難再創新高。那麼，股價到底回落多少以及回落多少天，才可算是「整理」呢？

主升段可以分為兩類：一是短期暴漲式主升段；二是中期慢牛式主升段。兩者的主要區別為：第一，K 線形態不同。短期暴漲式主升段呈現的是連續的大陽線或連續的大陽小陰組合形態；而中期慢牛式主升段呈現的是陽線與陰線交錯的組合形態。第二，依託的均線系統不同。短期暴漲式主升段基本上在 5 日均線之上運行，受到 5 日均線的支撐；而中期慢牛式主升段一般在 30 日均線之上運行，受到的是 30 日均線的支撐。所以，對於以上兩類不同性質的主升段，就需要用不同的方法來界定「整理」含義。

關於短期暴漲式主升段是否進入「整理」，可以用 5 日均線和 10 日均線是否構成死亡交叉，作為界定標準。若股價上漲後，出現回落或者橫盤，只要 5 日均線和 10 日均線沒有出現高位死亡交叉之後繼續上漲，之前的回落或橫盤，就不算是「整理」，只能算是上漲的一個短暫的中繼形態，可認定該輪主升段在繼續，直至出現 5 日均線和 10 日均線高位死亡交叉為止；若股價在上漲後，出現回落或橫盤，5 日均線和 10 日均線出現高位死亡交叉，那麼之前的回落或橫盤就是屬於「整理」，該輪主升段就宣告結束。

關於中期慢牛式主升段是否進入「整理」，一般而言，在一輪主升段行情中，若股價自最高點回落不超過 20%，且股價在最高點回落後的 20 個交易日又創出新高，則可以認為該輪主升段還沒有進入「整理」；若股價自高點回落已經超過 20%，或者雖然股價自最高點回落沒有超過 20%，但股價自最高點回落後的 20 個交易日內不能夠創出新高，則可以認為該輪主升段已經進入「整理」。

如圖 1-13 上海新陽（300236）的 K 線圖所示，該股放量漲停，突破盤整區新高，股價上漲空間被有效打開，此後產生一波主升段行情。從圖中可以看出，股價基本上呈現大陽小陰的形式上行，在上漲過程中曾經兩次出現明顯的整理，但沒有構成有效突破條件，即突破幅度 3% 和時間 3 天的要求，股價依托 10 日均線上漲。

在主升段行情的後期，成交量大幅萎縮，說明多頭信心不足，最後在 10 月 22 日股價出現跌停，一波主升段行情告一段落。可見，雖然這種主升段屬於短期暴漲式主升段中最弱的一種形態，但上漲過程依然保持強勢狀

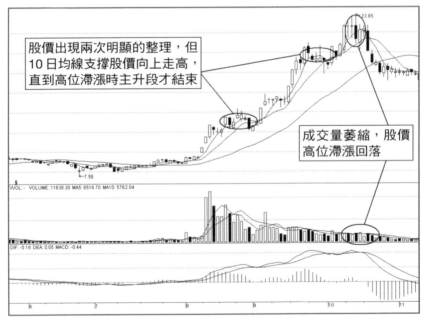

▲ 圖 1-13　上海新陽（300236）日 K 線圖

態，一般不會有效擊穿 10 日均線的支撐。

　　如圖 1-14 深天馬 A（000050）的 K 線圖所示，該股在放量漲停，向上脫離底部盤整區域，從而產生一波主升段行情。在主升段發展過程中，盤面以大陽小陰為主的 K 線組合形態，每次出現回檔走勢時，股價考驗 10 日均線的支撐強度，然後再次向上拉高漲停，顯示出儘管短線出現回檔走勢，但不改股價上漲勢頭，仍然運行在主升段之中。所以，遇到這種走勢時只要 5 日和 10 日均線保持完好，就可以堅定地持股做多，不必為中途的小調整所困擾，而作出錯誤的判斷。

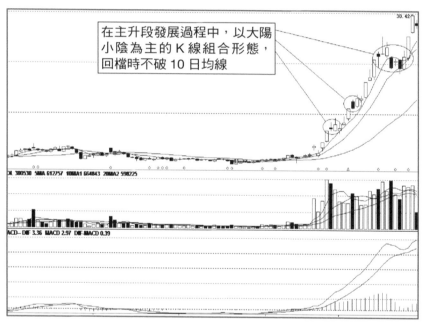

在主升段發展過程中，以大陽小陰為主的 K 線組合形態，回檔時不破 10 日均線

▲ 圖 1-14　深天馬 A（000050）日 K 線圖

1-4　兩波式主升段的 4 種結構

　　兩波式主升段結構是指主力在完成第一波主升段後，經過短暫的調整或者中期調整，之後股價又繼續創出新高，展開第二波拉升的主升段。如果說第一波主升段是造就黑馬股，那麼第二波主升段是成就大牛股。

　　一般情況下，當市場中有較多的個股出現第二波行情時，說明市場處於強勢之中；反之，假如市場中很少有出現第二波行情的個股，只出現單波行情的短線黑馬股，則說明市場並不強勢，大多屬於弱勢反彈行情。

　　所以，個股能不能走出第二波主升段，市場有沒有推升股價走出第二波主升段的能力，通常取決於市場強弱、人氣冷熱。如果市場強盛、人氣高漲，那麼就有推升股價走出第二波主升段的能力，否則，就很難走出第二波主升段行情，這是因為市場缺乏人氣，沒有繼續將其托舉起來的力量。

　　從短期和中期主升段來看，主升段最常見的形態就是單波式結構和兩波式結構。如果將單波式主升段結構的基礎形態，分為慢牛式和暴漲式這兩種，那麼，兩波式主升段結構就因其第一波和第二波主升段形態的不同，可以組合成 4 種不同類型的主升段結構。

　　(1) 第一波慢牛式，第二波慢牛式，行情性質為「兩波慢牛式」。

　　(2) 第一波慢牛式，第二波暴漲式，行情性質為「前慢後快式」。

　　(3) 第一波暴漲式，第二波慢牛式，行情性質為「前快後慢式」。

　　(4) 第一波暴漲式，第二波暴漲式，行情性質為「兩波快速式」。

　　兩波式主升段基本結構，就是由 1、2、3 這三個浪組成的。其中，第 1 浪就是第一波的主升段，第 2 浪是一個調整浪，第 3 浪是第二波的主升段。這與波浪理論中的前面 3 浪形態有點相似。由於兩波式主升段呈現 3 浪形態，

這就涉及到 2 浪調整方式，2 浪有向下調整、橫盤（水平）調整、向上調整三種形態，呈依次增強態勢，2 浪的調整方式，有時也決定第二波主升段的走勢，即影響第二波的高度和強度。

❖ 兩波慢牛式主升段結構

此種拉升方式就是前後兩波都呈現慢牛式上漲走勢。在當前市場中，出現的慢牛式主升段個股行情，通常有以下四種類型：一是穩定增長股；二是非主流股；三是超跌低價股；四是強勢主力股。

這類牛股的盤面運行過程中，主力不慌不忙，以進二退一或進三退一的方式穩步向上推升股價，K 線形態中以小陽小陰或大陽小陰為主，中間很少出現漲停現象，成交量處於溫和放大狀態。慢牛股短線不會出現特別快的拉升，但一段時間以後股價已經高高在上，累計漲幅也很可觀，跟隨這類個股考驗的是耐心，不要懷著暴富的急切心理。

1. 穩定增長股

此類個股隨著業績的持續增長，個股的價格也是同步地、很有韌性地持續上漲。這樣的成長股很多，如近年的銀行股、保險股、白酒股等大型藍籌股，但此類個股通常股本大，主升段幾年難得一見，一旦主升段形成，行情往往持續幾個月甚至幾年之久。

如圖 1-15 中國平安（601318）的 K 線圖所示，該股總股本有 182.80 億股的大型藍籌股，公司主營保險業，基本面良好，業績穩定增長，在市場一直受到機構、主力、大戶等大資金的關照，股價緩緩上行。特別是在 2017 年 4 月至 11 月期間，走出兩波漲幅較大的慢牛式主升段行情，股價從 35 元左右開始上漲，最高接近 80 元，累計漲幅非常巨大。這類個股在操作上，以 30 日均線作為買賣參考點，在此得到支撐走強時跟進，相反地，一旦有效擊穿 30 日均線時，應果斷離場（本書所有金額皆指人民幣）。

2. 非主流股

非主流股就是不屬於市場的熱門股，一般不會被爆炒，因而很少出現暴漲式主升段，但或多或少地沾有一些主流股的光，這類個股受到部分非主流

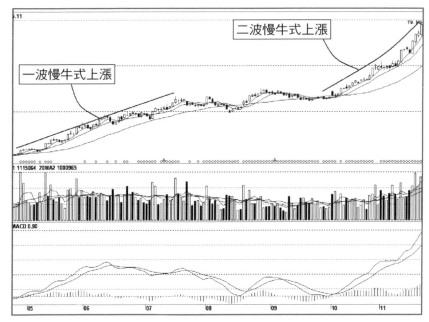

▲ 圖 1-15　中國平安（601318）日 K 線圖

資金的青睞，股價只能緩慢上漲。當大盤狂熱時，這類個股也會爆出冷門，形成暴漲式主升段。

如圖 1-16 宏盛科技（600817）的 K 線圖所示，該股歸屬於多元金融板塊，在近幾年來市場中多元金融板塊紛紛走強時，該股只是充當隨從者，盤面缺乏主力資金的關照，一直受到市場冷落。當然，也借助多元金融板塊的走強而沾了喜氣，從 2018 年 10 月以來出現了兩波慢牛式主升段行情。這類個股也以 30 日或 10 日均線作為買賣參考點，在此得到支撐走強時跟進。相反地，一旦有效擊穿 30 日或 10 日均線時，應果斷離場。

3. 超跌低價股

此類個股因股價超跌而具有投機價值，也往往會被某些短線主力看重而炒作，但因這些個股基本面缺乏亮點，且缺乏熱門題材，難以成為暴漲式大牛股。

如圖 1-17 一心堂（002727）的 K 線圖所示，該股隨大盤調整而逐波下

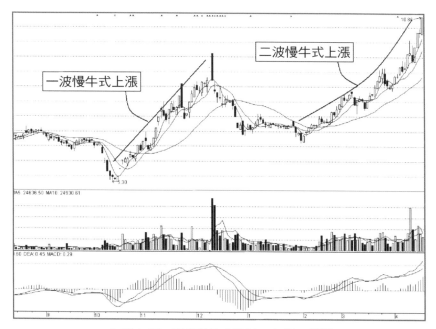

二波慢牛式上漲

一波慢牛式上漲

▲ 圖 1-16　宏盛科技（600817）日 K 線圖

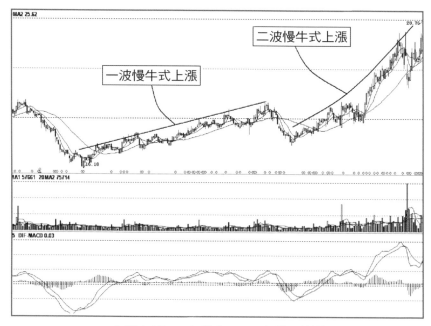

二波慢牛式上漲

一波慢牛式上漲

▲ 圖 1-17　一心堂（002727）日 K 線圖

跌，在底部止穩後又缺乏主力資金的關照，行情難以形成暴漲式走勢，因而出現兩波慢牛式反彈主升段。那麼，為什麼這類個股又產生兩波反彈行情？

主要原因大致有：一是股價超跌嚴重，投資價值顯現；二是板塊或大盤帶動，出現隨波逐流的反彈走勢；三是基本面沒有出現不利因素，業績基本穩定；四是主力實力弱小，「低調」小炒而為。這類個股的操作方法，同樣以 30 日均線作為買賣參考點，股價向上突破 30 日均線壓力或 30 日均線支撐時介入；相反地，股價向下突破 30 日均線支撐或 30 日均線壓力時，應及時離場。

4. 強勢主力股

主力一直在裡面運作，不急不慌，穩紮穩打，運作時間可以長達一年或幾年之久，一般都會出現兩波或兩波以上的主升段行情，股價累計漲幅非常之大。

如圖 1-18 青島海爾（600690）的 K 線圖所示，該股長期以來就有實力強大的主力駐紮其中，主力在底部震盪築底期間，成功完成了建倉計畫。自2017 年 2 月開始，股價步入緩慢的上升通道，6 月初股價到達前期高點附近時，股價出現了震盪，構築一個小雙頂形態後出現調整走勢。8 月下旬，股價調整結束，重新形成新的第二波慢牛式上升通道，主力穩紮穩打，股價緩緩上行，創出了歷史新高，上漲空間被成功打開，股價累計漲幅非常之大。

一般來說，當市場處於牛市或一輪大反彈行情時，慢牛股的數量佔牛股數量的多數，也就是說，慢牛股是最常見的牛股類型。但是，佔牛股多數的慢牛股卻是最難抓的一類個股，不管是用什麼手段進行分析，發現和捕捉慢牛股都是一件不容易的事。

在慢牛股裡，成長股算是有跡可循的。所以，不管是從投資還是投機的角度看，若要提高發現和抓住慢牛股的概率，獲得較高的投資收益，就應該儘量在慢牛股裡選擇成長股作為投資目標。

大多數成長股的第一波主升段是慢牛式的，短期暴漲式的較少見。這是由成長股的性質決定的，成長股的價格變動與其業績的關聯度很高。當成長股的業績持續增長時，股價也會同步持續上漲；而當成長股的業績增長減緩或者開始衰退時，其股價也會出現較大幅度的下跌，主升段行情甚至很可能就此完結。

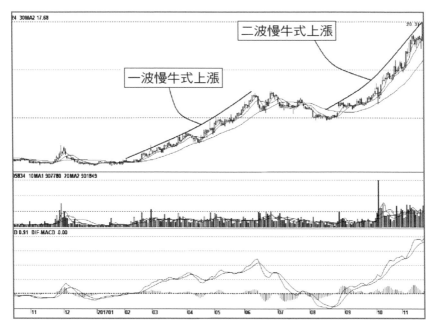

一波慢牛式上漲

二波慢牛式上漲

▲ 圖 1-18　青島海爾（600690）日 K 線圖

　　一般說來，成長股的第一波行情與業績增長之間，大致有兩種互動的關係：第一，業績先增長，股價後上漲。第二，股價先上漲，業績再跟進。

　　慢牛股發現不易，要抓住它更難，這是因為這類個股行情在啟動時，沒有任何強勢訊號，是悄無聲息地慢慢啟動的，在其上漲過程中也幾乎沒有出現過漲停板，在每天的漲幅榜裡面根本找不到它們的蹤跡，那些善於追逐熱門強勢股的短線投資人很難發現它們。就拿慢牛式成長股為例，就有三個難點。

　　一是這類個股主升段的 K 線形態，一般是小陰小陽交替出現，沒有明顯的技術性買點；二是這類個股主升段的上漲，完全依賴成長股的基本面，在大多數情況下，其股價大致反映了其基本面的情況，股價在整個主升段發展過程中，很少出現明顯低估的情況，所以，這類慢牛股也沒有明顯的價值低估的基本面買點；三是這類個股一直處於慢牛式主升段之中，根本沒有低買的機會，要買就只能追高買入，當投資人難以判斷這類個股的基本面會不會發生不利變化時，追高是有風險的，投資人擔心這些股票會突然轉勢，這

就這就使投資人在操作上產生很高的難度。

對於慢牛股，最佳投資策略就是在股價低位買入後持有，直至主升段結束，假如對一支慢牛股真的這樣做了，一定會獲得豐厚的投資回報。但如何能夠在這些慢牛股剛啟動時，就準確判斷出這些股票是未來的慢牛股，這確實是一件非常困難的事情。所以，在慢牛式個股裡，挖掘其成長股是最重要的，但這需要提前預判出何種股票能夠成為慢牛式成長股。

❖ 前慢後快式主升段結構

此類股票主升段的盤面特點是，第一波是一輪慢牛式的，第二波卻是一輪加速暴漲式的。由於任何暴漲式行情，都是由基本面或市場面的原因所引起的，絕不是隨隨便便地自然形成的。所以，可以據此推測出現第二波暴漲式行情時，個股大多是發生了重大的基本面變化。那麼，什麼樣的股票會出現這樣的走勢呢？一般說來，有成長股、題材股、熱門股、補漲股和強勢主力股等 5 類股票。

1. 成長股

當成長股的業績開始增長時，由於投資人還未能認識到其價值，所以第一波行情大多是慢牛式，但是，當這類股票的業績持續增長，甚至加速增長後，投資人對這些股票的業績增長能力就有了更高的預期，一旦這種預期轉化為積極的買盤，主升段就會開始加速，上漲斜率變陡，從而形成了第二波暴漲式行情。第二波行情的加速，其根本原因是在投資價值提升的同時，投資人又因更高的預期而給該類股票注入了新的投機價值，其最終結果就是將該類股票的本益比提升到更高的水準，若該類股票的每股收益和本益比雙雙得以提高，就形成了疊加效應。

如圖 1-19 鼎捷軟件（300378）的 K 線圖所示，該股是一支小型股，股本才 2.65 億股，有資源優勢，涉足多個領域，未來成長性較好。實力強大的主力入駐後，在底部吸納了大量的低價籌碼。股價從 2019 年 2 月 1 日開始啟動後，由於基本面的成長並未形成市場的共識，第一波以慢牛式上漲展開，股價從 10 元上漲到 16 元之上時，耗時近 1 個半月，漲幅接近 60%。

經過一段時間的洗盤整理後，從 3 月 29 日開始展開第二波拉升行情，

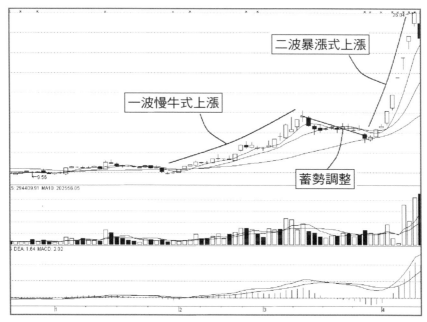

二波暴漲式上漲

一波慢牛式上漲

蓄勢調整

▲ 圖 1-19　鼎捷軟件（300378）日 K 線圖

股價從 14 元下方上漲到 26 元之上，僅用了 8 個交易日，漲幅超過 90%。
可見，第二波的漲幅大於第一波的漲幅，而第二波的拉升時間僅為第一波的
1/4，顯然屬於快速拉升式上漲，其原因就是基本面的成長性為股價上漲注
入了新的動力。

　　對於這類「前慢後快式」兩波行情的成長股，其第一波慢牛式行情是
較難操作的，但第二波暴漲式行情的操作相對容易一些。這是因為有了該類
股票的第一波行情後，投資人就會發現並鎖定這些牛股，這些股票一旦經過
調整，股價再次啟動時，投資人就不會像第一波行情啟動時那樣猶豫不決
了。只要能夠發現，且知道股價上漲的原因，大概就知道該如何操作了。炒
股怕的就是發現不了牛股，不知道一檔股票到底是因何上漲的，那樣就很難
獲得利潤。

2. 題材股
　　很多個股經過長期的下跌調整後，會跟隨大盤反彈而走出第一波慢牛式

行情，這波反彈行情沒有任何基本面的原因，純粹是超跌反彈所致。由於股價在反彈後也不算高，還屬於低價範疇，若控股股東感覺股價跌不下去，就想趁股價低時製造市場熱點，引導投資大眾投其所好，這樣股價就會出現第二波爆發式行情。

如圖 1-20 航錦科技（000818）的 K 線圖所示，該股走勢就是典型的前慢後快式主升段形態。第一波上漲是隨著股價的調整止穩而出現的盤升走勢，主力在其中悄然運作，盤面節奏十分穩健，而第二波暴漲式主升段是因為該股具有化工原材料漲價題材，這在當時市場環境中是一大利多。於是，主力抓住天時、地利、人和的時機大炒一把，將股價從 6 元下方快速拉升到 15 元上方，20 多個交易日股價漲幅超過 150%，時間短、漲幅大，這是暴漲式主升段的特點。

對於這類「前慢後快式」兩波行情的題材股，操作難度也是很大的。第一波慢牛式行情大多是自然出現的，無跡可循，難以發現和抓住；第二波暴漲式行情，又往往是連續拉升式的，根本沒有回檔進貨的機會。但總的來

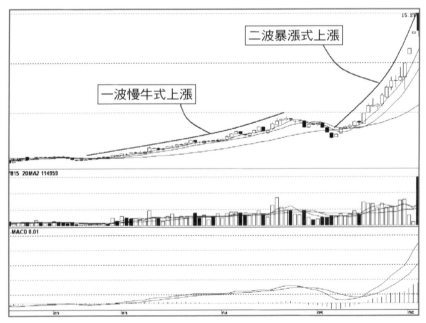

▲ 圖 1-20　航錦科技（000818）日 K 線圖

看，參與這類題材股，機會還在第二波行情中，這就要求投資人眼明手快，當機立斷。一旦猶豫，機會稍縱即逝，等到股價大幅上漲後，風險也就悄然降臨了。

3. 熱門股

　　熱門股是指在當前市場熱炒的板塊或行業裡，成為大家追棒的熱門概念股。在股市中當某些股票成為熱門的時候，這些熱門概念對於股價起助漲作用，與此相關的個股也會成為炒作對象，往往會引發股價出現暴漲式主升段，這些概念股也就成了大牛股。

　　如圖 1-21 頂點軟件（603383）的 K 線圖所示，在長期的底部震盪過程中，主力成功地吸納了大量的低價籌碼。2018 年 2 月 7 日，股價最低下探到 36.78 元，然後探底回升形成第一波慢牛式上漲，當股價回升到前期小高點附近時，主力主動展開洗盤整理走勢。浮動籌碼得到充分換手後，出現第二波暴漲式拉升，股價連拉 4 個漲停板。該股的走勢屬於前慢後快式兩波主

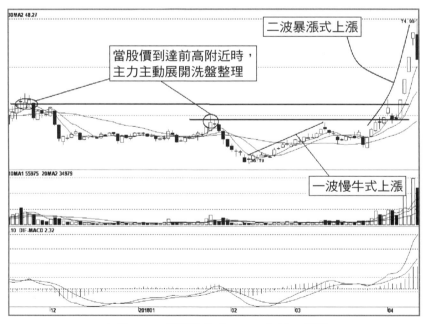

▲ 圖 1-21　頂點軟件（603383）日 K 線圖

升段形態，而第二波暴漲式主升段，完全與當時的新股熱炒有關，受到短線資金的追棒，加之主力的藉機炒作，使股價出現快速拉升。

在實戰操作中，遇到這類股票時，應該掌握以下技術要點。

(1) 要在第一時間搞清楚市場出現的新的炒作概念。目前，市場中主流概念主要來自於四方面。

第一，重大政策：重大政策往往會引發板塊、行業或者股市出現概念性行情。比如，2019 年以來的 5G 概念股、創投概念等。

第二，新興行業：新興行業的發展空間很大，又無法準確估值，這就給了參與者很大的想像空間。比如，新能源汽車、石墨烯、獨角獸等。

第三，被成功炒作的、漲幅巨大的龍頭股：當某些個股因行業景氣而業績暴增後，股價被爆炒，漲幅巨大。在這些龍頭股的示範作用下，與此相關的所屬板塊就會成為炒作的熱點。

第四，國外的熱門概念：多年來，出現很多新興行業的熱門概念，是嫁接於美國市場，因為美國引領著全球產業的創新浪潮。比如，網路概念、IT概念、石墨烯概念、葉岩氣概念等，都是受到美國市場的影響而成為熱點。一般來說，當美國市場出現了一個很熱門的炒作概念後，其他地方股市也會跟風炒作。

(2) 要抓龍頭股：每一個熱門概念，一般只有一兩支龍頭股，算是很好辨別的。辨別龍頭股有兩種方法：一是看行業地位，行業龍頭股往往就是市場龍頭股；二是看股價漲勢，漲得最猛的就是市場選擇的龍頭股。抓龍頭股的好處是，由於龍頭股率先上漲，且漲幅最大，即使追漲買入，也會獲利不菲。

(3) 要在龍頭股啟動的前 3 個漲停板之內買進，這屬於「黃金買點」，買進越早越好。由於概念股與題材股是不同的，題材股因重大利多的突發性，往往使其股價連續「一字形」暴漲，而概念股絕大多數是連續大陽線漲停板。既然是大陽線漲停板，那麼在每一個交易日中，就會有較為充分的換手以及充分的買進機會，只要眼明手快，還是能夠抓得住的。

4. 補漲股

補漲股就是比價優勢股，比價關係是指同板塊、同概念的股票之間，存在一個潛在的定價體系。在一般情況下，這個定價體系是穩定的，但當其中

的某些股票因種種原因出現大漲後，就打破了原有定價體系的平衡，造成了體系的不穩定。為了使定價體系得到新的平衡，要麼那些漲上去的股票再跌回來，要麼那些沒有上漲的股票很快跟著漲，補漲上去。

　　短線投資人一定要搞清楚定價體系和比價關係，因為這是對於股票的投機價值進行估值的唯一依據。利用定價體系和比價關係可以挖掘市場大牛股，其要旨就是發現那些有比價優勢的股票，這些股票往往會成為補漲股。補漲股在補漲的時候，其上漲強度有時候也是非常驚人的，一般的龍頭股的漲幅越大，補漲股的漲幅也越大。而且，在補漲的時候往往是啟動一輪暴漲式主升段，在絕大多數情況下是一浪到頂，簡單明快，酣暢淋漓。

　　如圖 1-22 迪威訊（300167）的 K 線圖所示，該股與衛寧健康（300253）同屬軟體和資訊技術服務業，上市時間差不多，股本也差不多，但相比之下迪威訊更具有優勢，兩股幾乎同時啟動第二波行情，而迪威訊的上漲速度要比衛寧健康快得多。

　　在股市中，只要出現大的市場熱點，就會出現漲幅巨大的龍頭股，有龍

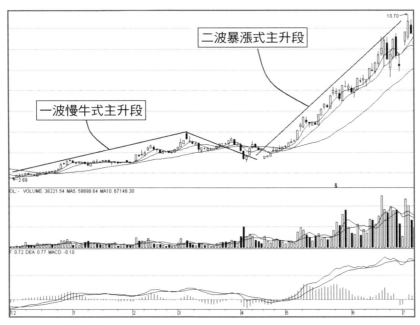

▲ 圖 1-22　迪威訊（300167）日 K 線圖

頭股就必定會有補漲股。所以，緊跟市場大的熱點炒作，就一定會賺到錢，因為**市場會給投資人兩次賺錢的機會，一是抓龍頭股，二是抓補漲股，這是一個相對簡單的獲利模式**。能抓龍頭股的一定是絕頂高手，能抓補漲股的也算是高手，若這兩個都不會抓的，那就是新手了。

5. 強勢主力股

儘管當前管理層大力打擊主力操縱股價行為，但主力行為一時還很難杜絕，只不過操盤手法更為隱蔽而已。一般主力股有這麼幾個特點：一是控盤程度高；二是盤面走勢獨立；三是操作手法蠻橫；四是運作時間較長。

一般而言，強主力股在進入主升段之前，要經過試盤、爬高、洗盤等幾個階段，然後進行拉高突破，出現主升段行情。主力對某檔股票控盤後，不管屬於何種股票，一旦進入主升段，就能讓股價飛起來，而且不講什麼章法，漲得讓你不敢相信，因此這類股票也是投資人追逐的主要對象。

如圖 1-23 大富科技（300134）的 K 線圖所示，該股為新股，上市以後隨大盤調整而逐波下跌，在下跌過程中主力不斷加大建倉計畫，成功吸納了大量的低價籌碼。之後漸漸止穩向上盤升，進入爬升階段，即形成了第一波慢牛式上漲行情，該階段屬於操盤過程中的熱身階段。之後，進行洗盤整理，對盤中浮動籌碼進行清理，將不利於後期操盤的市場因素清理出場，同時提高市場平均持倉成本。

不久，股價向上突破上方壓力位，但突破後並不立即展開升勢，而是讓股價重新回落到突破位置附近，以檢驗其突破是否有效。當股價回落到突破位置附近時，買盤再次加強，表示該位置已由原先的壓力作用轉化為現在的支撐作用，隨後股價出現主升段行情。

從該股走勢中可以看出，主力基本經過了從建倉到拉高的整個流程，投資人可以根據主力的脈絡恰到好處地跟隨，在拉升的時候及時介入，既可以避免建倉、洗盤時的折騰，又可以快速獲得拉高的暴利。該股的理想買入點，一是在突破時適量跟進；二是在股價回測確認其突破有效時介入。

❖ 前快後慢式主升段結構

這類主升段的特點是，第一波主升段是一輪暴漲式的，而第二波主升段

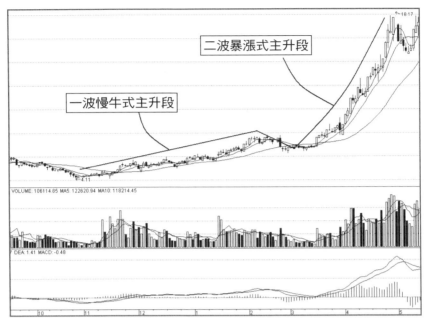

二波暴漲式主升段

一波慢牛式主升段

▲ 圖 1-23　大富科技（300134）日 K 線圖

卻是一輪慢牛式的。股價在第一波暴漲式主升段後，行情並未完全結束，經過調整後還能夠繼續上漲，走出第二波慢牛式主升段，且股價上漲的動力也很強。從大方向來說，這類股票包括「基本面轉型股」和「技術面控盤股」兩種情形。

1. 基本面轉型股

　　這類個股由於基本面的原因，原本股價表現平平，後因基本面突發性重大利多，使股價走出第一波暴漲式主升段。由於第一波漲勢太猛，股價幾乎一步到位，在第一波主升段結束後，短線投機者獲利退出，股價出現調整走勢。

　　此時，市場短期很容易出現不理智的上漲和不理智的下跌走勢。經過一陣狂風暴雨後，市場重歸平靜，投資人重新評估和定位價值優勢，基本面得到合理的定位，投資人再度逢低介入，推動股價出現穩健的慢牛式上漲行情，走出牛股「第二春」的主升段。

　　如 1-24 寶鷹股份（002047）的 K 線圖所示，該股經過脫胎換骨的資產重組後，由原先的「金屬製品業」轉型為「建築裝飾和其他建築業」，公司基本面發生了明顯的改觀，業績穩定增長有了基本保證，公司順利實現「華麗轉身」。

　　股票復牌後，連拉 11 個的一字漲停（因為是 ST 股，漲停板限制為 5%），出現一波暴漲性主升段。之後回落蓄勢調整，經過一段時間的修整後股價再次展開上攻行情，但卻無能力出現暴漲式行情，而只能以慢牛式上漲。該股就屬於重大題材引起的前快後慢式主升段。

　　如圖 1-25 張江高科（600895）的 K 線圖所示，該股主力在長時間的底部震盪過程中，成功吸納了大量的低價籌碼。受上海自貿區利多消息影響，在 2018 年 11 月出現一波暴漲式拉升行情。投資人對該股基本面非常看好，而且股本適中，股價易於炒作和控盤，使得該股仍具上漲動力。但由於股價在第一波行情中漲幅過大、速度過快。經過調整後在 2019 年 2 月出現第二波上漲行情，股價盤升上漲，形成慢牛式行情，整體漲幅也非常之大。

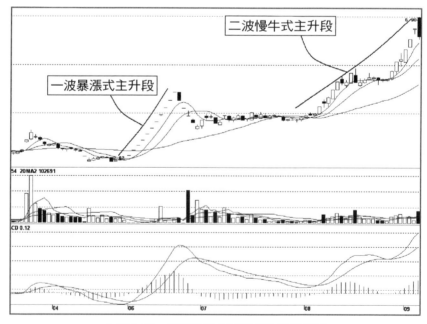

▲ 圖 1-24　寶鷹股份（002047）日 K 線圖

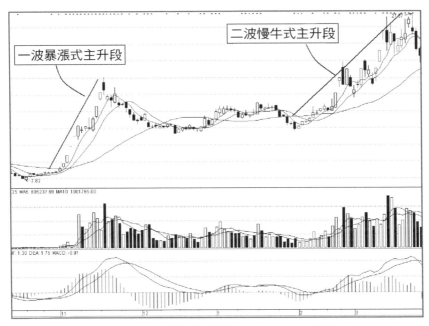

一波暴漲式主升段

二波慢牛式主升段

▲ 圖 1-25　張江高科（600895）日 K 線圖

2. 技術面控盤股

這類股票大多屬於強勢主力股或長主力股，主力將股價大幅拉高後，雖然獲得了帳面上的暴利，但並未完全轉換為實際利潤，只有將獲利籌碼完全兌現後，才能達到實際利潤。

主力出貨是一件非常難的事，股價大幅拉高以後，不可能馬上兌現籌碼，畢竟高位接盤的人不多，但主力花了大本錢拉高股價後，在沒有完成出貨計畫之前，一般不會讓股價大幅下跌，唯一的作法只有將股價繼續拉高，讓散戶失去理智或警覺，然後暗中慢慢出貨。有時候主力不得不自彈自唱拉高股價，維持強勢盤面走勢。所以，主力控盤股也會走出兩波拉升行情，主力在第二波慢牛行情中悄悄出貨，因此第二波行情也稱為「出貨波」或「漲後餘波」。

如圖 1-26 張江高科（600895）的 K 線圖所示，在該股長時間的調整中，主力順利地完成建倉計畫，經過打壓後成功構築一個空頭陷阱。2018 年 11 月 5 日，股價放量突破底部盤整區後，出現一輪暴漲式主升段。股價一浪到

頂後，主力在高位進行減倉操作，股價漸漸回落，為下波行情騰出足夠的上漲空間。

　　湊巧的是，股價正好回落到一字形漲停打開位置附近，在此獲得支撐後小幅拉起，不久又一次回落到該位置，同樣遇到較強支撐。此時主力意識到新的拉升時機已經具備，所以在 2019 年 2 月展開第二波攻勢。由於股價前期漲幅已大，加之上方存在一些套牢盤，所以，第二波出現慢牛式上漲行情。

　　從走勢圖中可以看出該股出現明顯的主力行為，也是非常「巧合」的現象。在第二波行情啟動前的調整過程中，股價兩次回落到一字形漲停打開位置附近，這既有技術面原因，也有主力行為因素，是投資人非常難得的買入機會，因為這個位置本身就具有非常重要的技術意義，由此位置的換手情況就能找到確切的答案。

　　如圖 1-27 威華股份（002240）的 K 線圖所示，該股與前一個實例有著相似之處，主力在低位完成建倉計畫後，向上突破長達 8 個多月的盤整區域，然後進行回測確認，當股價回落到突破位置附近時，因公司發佈資產重組公

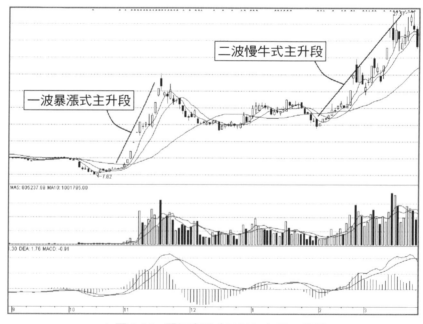

▲ 圖 1-26　張江高科（600895）日 K 線圖

告而停牌。

當股票復牌後，連續拉出 11 個一字漲停板，第 12 天打開漲停板後收出一個 T 字漲停 K 線。經過一天的調整後，又連拉 2 個漲停板，此後股價還依然堅挺地向上攀高，期間再次拉出 3 個漲停板，其強勁勢頭不言而喻，累計漲幅達到 442%，呈現暴漲式主升段。

一般來說，股價大幅拉高並堅守在高位，這決非一般散戶所為。那麼，真的是資產重組讓股價飛起來的嗎？未必如此，少有這樣的閃電效果。那麼，是誰創造了這波飆升的行情呢？當然是主力所為。主力在低位吸足低價籌碼後，借助資產重組利多大幅炒高股價，然後在高位維持強勢走勢，從而達到在高位暗中出貨的目的。

可是，出貨並非一蹴而就，有一個反覆的過程，所以，在股價出現破位之勢時，又被一股神奇的力量重新拉起，從而形成第二波上漲行情，但第二波的上漲強度和幅度均不如第一波，因而成為主力的出貨波，此時投資人應抓住逢高退出的機會。

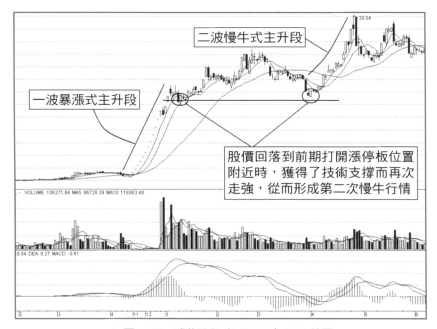

▲ 圖 1-27　威華股份（002240）日 K 線圖

❖ 前快後快式主升段結構

　　這類個股主升段的盤面特點是，第一波主升段是一輪暴漲式的，而第二波主升段也是一輪暴漲式的，形成「前快後快式」主升段走勢，它是最強的兩波主升段結構形態。

　　引發兩波暴漲式主升段的個股，主要有兩種因素：基本面因素和主力面因素。抓住主力股的主升段是短中期投資人孜孜以求的。如果將基本面與主力面（或技術面）結合分析，無疑是最好最有效的操作方法。

1. 基本面重大變化股

　　這主要包括長期成長股，以及業績暴增股和題材股。其中，在題材股中能夠催生主升段，特別是兩波暴漲式主升段的題材，一定屬於重大利多題材，比如資產暴增題材、熱點概念題材、資產重組題材、資產注入題材等。

　　如圖 1-28 潛能恒信（300191）的 K 線圖所示，該股上市以後呈現箱體震盪走勢，主力在此期間順利地完成建倉計畫。不久，因公司發佈海外全資子公司「智慧石油」與「中國海油」簽訂為期 30 年的產品分成合約的消息，給公司帶來長期利多，受此利多影響股價復牌後出現一波拉升行情，在短短的 10 多個交易日裡，股價從 8 元附近拉高到了 31 元上方，形成一波暴漲式主升段。

　　之後，股價快速回落到 19 元附近，也是 30 日均線位置，同時也是 0.5 的黃金分割位附近，在此獲得較強支撐後，股價出現第二波主升段行情。但第二波主升段的上漲強度和高度均不如第一波強大，以大陽線漲停為主，中間也沒有跳空現象。此時，當股價在高位出現放量滯漲時，應及時離場觀望。

　　如圖 1-29 貴州燃氣（600903）的 K 線圖所示，該股受基本面利多影響，股價打開一字漲停後，經過短暫的調整洗盤，展開新一輪暴漲式拉升行情，股價從 8 元左右開始上漲到 35 元之上，波段漲幅非常之大。隨後出現較大幅度的回檔，2018 年 2 月 22 止穩後再次出現暴漲式拉升走勢，只是第二波拉升幅度小於第一波上漲幅度，這是由於投資價值基本已經被挖掘，短期上漲空間已經不大，同時缺乏市場跟風能力，主力也不敢貿然拉升股價，所以第二波的漲幅小於第一波的漲幅。

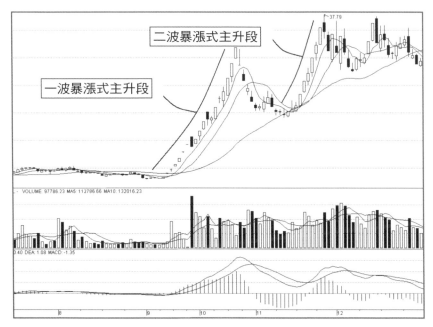

▲ 圖 1-28　潛能恒信（300191）日 K 線圖

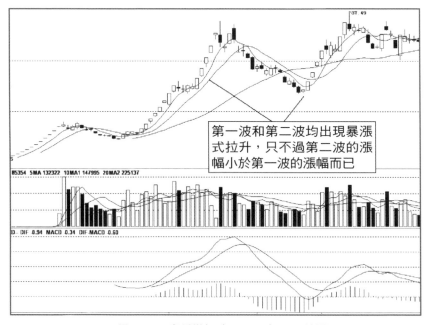

▲ 圖 1-29　貴州燃氣（600903）日 K 線圖

2. 強勢主力股或長主力控盤股

在主力盛行的資本市場初期，這類股票非常多見，主力經過第一波的預演後，第二波走勢更有把握，所以會再次走出第二波主升段暴漲行情。

如圖 1-30 萬向錢潮（000559）的 K 線圖所示，該股反彈結束再次下跌，然後漸漸止穩盤整。不久，一根放量漲停大陽線一舉向上突破均線系統的壓制，由此爆發一波暴漲式主升段，股價從 4 元左右迅速拉升到了 11 元上方。此後，主力在高位漸漸減倉，兌現部分獲利籌碼，股價出現 A、B、C 三浪調整，調整幅度達到前期漲幅的 50% 左右，即 0.5 的黃金分割位附近，股價漸漸止穩盤整。

經過一段時間的調整後，股價開始出現第二波暴漲式主升段。該股前後兩波暴漲式主升段中，沒有任何突發性利多刺激，完全是主力行為所致，所以，很多時候股價漲不漲就看主力有沒有拉升的興趣。投資人遇到這類股票時，在盤面上還是有跡可尋的，首先要有一個標誌性 K 線出現，然後判斷這根標誌性 K 線是否有效，繼而決定買賣行為，該股的買入訊號非常清晰，賣出訊號也一目了然，即高位放量滯漲時退出。這種方法即使賣錯了，後面的上漲也是漲後餘波行情，幅度不會很大，完全不必為此感到惋惜。

如圖 1-31 風範股份（601700）的 K 線圖所示，該股實力強大的主力入駐後，在底部出現長時間盤整，主力成功地吸納了大量的低價籌碼。2018年 12 月 26 日，當股價下探到前期低點附近時得到支撐，股價放量向上突破。從此開啟一輪主升段拉升行情，股價連續拉出 10 個漲停板，短線漲幅超過160%。之後，股價出現回落洗盤走勢，當回落到 30 日均線附近時，股價出現止穩。從 2019 年 2 月 14 日開始，展開第二波暴漲式主升段。

該股的這兩波暴漲式主升段除基本面因素外，更重要的是在主力主導下的強勢拉高走勢，這就是強勢主力股帶來的暴利機會。

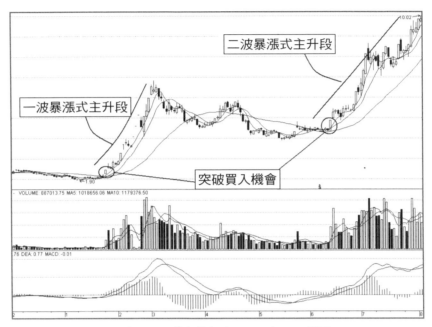

一波暴漲式主升段

二波暴漲式主升段

突破買入機會

▲ 圖 1-30　萬向錢潮（000559）日 K 線圖

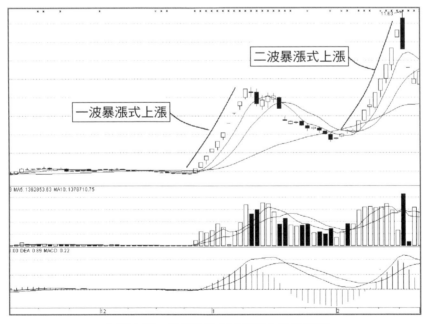

一波暴漲式上漲

二波暴漲式上漲

▲ 圖 1-31　風範股份（601700）日 K 線圖

1-5 兩波行情之間的邏輯結構

❖ 兩波行情間的關係

在實戰操作中，出現兩波主升段的股票非常多見，投資人只要抓住兩波行情的盤面特點，就能得到高獲利，很多時候股票出現第一波行情時，不見得就能抓得住，這時大可不必為此感到惋惜，因為還能抓住第二波行情。

其實，很多股票第一波行情只是上漲的一個訊號，後面還有更為壯觀的第二波行情，因此當出現第一波行情後就可以密切關注它，一旦第二波主升段啟動就應立即介入。在此，為了更好地捕捉主升段行情，這裡研究一下第一波行情和第二波行情之間的關係。

由實戰經驗歸納，在兩波主升段中第一波的強度要高於第二波的強度，或者說，第二波的強度一般不會比第一波的強度高。需要注意的是，在這裡說的強度是指主升段的「形態強度」，而不是指主升段的「漲幅」。

比如，第一波主升段是最強的「連續漲停式」主升段，那麼，第二波主升段可以是暴漲式主升段中的任何一種（連續漲停板式、連續大陽線式、大陽小陰組合式），這並不違反「第二波的強度一般不會比第一波的強度高」這個原則，因此第二波主升段的漲幅是可以高於第一波主升段的，這也不違反原則。

既然如此，那主升段的形態強度有何意義呢？其意義在於，當出現第一波暴漲式主升段後，根據這一波主升段的形態，就可以大致推測出第二波主升段的形態，這對於抓住第二波主升段是很有實盤意義的。比如，當第一波主升段是最強的「連續漲停式」，那麼，第二波主升段可以是上述三種形態

中的任何一種，當然，從概率來看，第二波主升段再走出「連續漲停式」主升段的可能性只佔 1/4。

由此可作出一個重要的推論，那就是**任何走出兩波暴漲式主升段的個股，都很難在第二波主升段走出「連續漲停式」的形態**。這實際上已經告訴了投資人捕捉第二波主升段的方法。由於第二波主升段一般不是「連續漲停式」形態，這也就意味著不會在第二波主升段啟動時，因股價突然以「連續漲停式」暴漲，讓投資人再次失去獲得暴利的機會。

從概率來看，第二波主升段的啟動方式，應該是以連續大陽線式或大陽小陰式啟動的，這就有足夠的介入機會。此外，為什麼兩波暴漲式主升段，第二波的強度一般不會比第一波的強度高呢？

這可以從催生主升段的原動力進行解釋。對於題材股來說，當上市公司公告了一個重大利多題材後，就引發了股價的兩波暴漲式主升段，兩波主升段的成因是相同的。也就是說，利多題材就是催生主升段的原動力。原動力就是第一推動力，因這個第一推動力，股價原有的運動模式被打破，形成新的運動模式，並具有新的運動慣性。

可以說，因題材這個原動力的推動，股價就因此走出了第一波暴漲式主升段，這輪主升段是動力最充沛的，屬於價值發現式，或者說是價值重估式，股價的上漲是很健康的，也是無可阻擋的，常常能以最強勢的一字形連續漲停的形態展現。

但第二波主升段出現時，股價並沒有增加新的推動力，因此第二波暴漲式主升段本質上，屬於在原動力推動下的慣性上漲。這個慣性上漲從能量上看應該是不斷衰減的，它並非無可阻擋。當市場背景允許時，第二波主升段會走出來；當市場背景不允許時，第二波主升段往往會走不出來，出現所謂失敗的第二波主升段。

根據長期觀察，有很多重大題材股在題材公告後，會走出第一波暴漲式主升段，卻難以走出第二波主升段。能夠走出第二波主升段的只是少數個股，所以，題材股的第二波主升段基本上是泡沫式的，或者說是漲後餘波行情。從長期走勢來看，絕大多數個股在完成第二波主升段後，股價又回落到第二波主升段的起點位置。這就引出了幾個重要的問題，該怎樣看待投資泡沫？是否應參與這種泡沫化的第二波主升段？這就考驗投資人的研判能力了。

　　但是，主力股的第二波主升段往往與上述情況相反，即第二波的強度會高於第一波的強度，或者說，第一波的強度不一定就比第二波的強度高。這是因為第一波主升段大多是主力真正拉升前的預演或熱身運動，在理論上稱之為「爬高階段」或「初升階段」，也是股價脫離底部的第一階段，然後，經過調整洗盤蓄勢後，展開一波更為猛烈的上漲行情。

　　因此，投資人對主升段的成因以及盤面走勢一定要認真研判，然後對第二波主升段下定性，可以提高實戰效果。

❖ 兩波行情的互換性

　　在實戰操作中，兩波主升段之間有互換性，主要包括兩個性質：一是結構形態的互換性；二是股價漲幅的互換性。

1. 結構形態的互換性

　　在實戰操作中，出現兩波行情的個股非常多見，但兩波完全相同的行情並不多，也就是說，兩波行情具有一定的互換性，如果第一波行情是以「快速式」上漲的，那麼，第二波行情大多會以「慢速式」上漲，如前面所講的「前快後慢」式就屬於這種類型。

　　反之，如果第一波行情是以「慢速式」上漲的，那麼，第二波行情有可能就是「快速式」上漲，如前面所講的「前慢後快」式就屬於這種類型，因此投資人對這個性質的瞭解和掌握，對研判第二波行情走勢很有幫助。

　　根據兩波行情的互換性特點，還可以把這個性質延伸到同一波行情的不同形態之中。前面說過，短期暴漲式行情有三種形態：連續漲停式、連續大陽式、大陽小陰組合式。從主升段形態的強度來看，這三種形態的強度是從強到弱呈現遞減趨勢。

　　就理論而言，第二波短期暴漲式行情形態也應該有以上的三種形態。若將這兩波行情各三種形態進行組合的話，那麼，兩波暴漲式行情應該可以組合出九種形態。比如說，如果第一波行情是「連續漲停式」出現的，那麼，第二波行情有可能就是以「連續大陽式」或「大陽小陰式」出現。

　　(1) 速率分型圖：把兩波的上漲速度分出形態來，提供投資人作為明確的操作思路，稱為「速率分型圖」。急速行情和緩速行情的後續市場行為，

通常都是有規律的，為了方便大家記憶，口訣是 8 個字：「急緩互補、漲跌呼應」。有以下 4 大對應關係：急漲—緩跌、緩漲—急跌、急跌—緩漲、緩跌—急漲，如圖 1-32 所示。

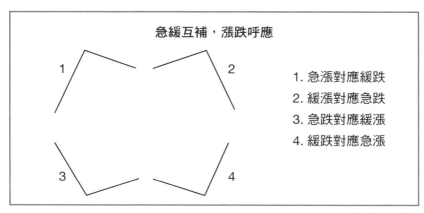

急緩互補，漲跌呼應

1　　　　　2

1. 急漲對應緩跌
2. 緩漲對應急跌
3. 急跌對應緩漲
4. 緩跌對應急漲

3　　　　　4

▲ 圖 1-32　形態結構互換性示意圖

　　由於急速行情和緩速行情所對應的後續行情的速度有所不同，所以應用於急速行情和緩速行情的策略是不一樣的。

　　(2) 緩速行情對應操作策略：因為緩漲對應急跌，緩跌對應急漲，面對緩速行情的操作策略應該是逆勢而為，而非順勢操作。

　　第一，緩漲行情對應的操作策略：因為緩漲之後大多數都是急跌，所以緩漲期間的做多利潤很小，一旦上漲週期結束，多半會引發短而急的下跌。這樣的下跌由於空間較大，所以具備一定的殺傷力。在操作時面對緩漲的行情時，應儘量在行情的末端逆勢做空，而非順勢做多，如圖 1-33 所示。

　　第二，緩跌行情對應的操作策略：因為緩跌之後大多數都是急漲，所以緩跌期間的做空利潤很小，一旦下跌週期結束，多半會引發短而急的上漲。這樣的上漲短期空間巨大，利潤增長速度最高。所以很多人不喜歡緩跌行情，認為行情走得太慢、太黏。其實這樣的行情對應的後續行情，大多是「井噴式」行情。所以應儘量在行情的末端逆勢做多，而非順勢做空，如圖 1-34 所示。

因為緩漲之後大多都是急跌，做
多利潤很小，一旦上漲週期結束，
多半會引發短而急的下跌。這樣
的下跌空間較大，具備一定的殺
傷力，所以面對緩漲的行情時，
應盡量在行情的末端逆勢做空，
而非順勢做多

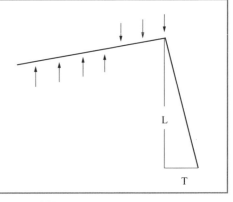

▲ 圖 1-33　緩漲行情的操作策略

很多人不喜歡緩跌的行情，認為
行情走的太慢、太黏。其實這樣
的行情對應的後續，大多是「井
噴式」行情。所以應盡量在行情
的末端逆勢做多，而非順勢做空

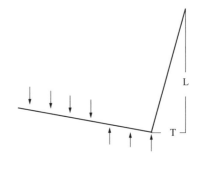

▲ 圖 1-34　緩跌行情的操作策略

　　第三，速度的變化。如果按照速度的對應規律，比如急漲對應緩跌，緩
跌又對應急漲，那麼一直延續的上升趨勢不就永無休止了嗎？但實際上沒有
任何一個趨勢是永不休止的，趨勢不會沒有盡頭。所以速度的對應變化會在
特定的情況下發生變化，通常發生在趨勢的末端。正常的是急對緩或緩對
急，變化時分為兩種情況：急對急或緩對緩。

　　第一，急對急：如圖 1-35 所示。一輪行情如果是急速的上漲，通常對
應的是緩速的下跌（左圖中虛線部分），但如果對應急速下跌，代表速度的
變化。同理，一輪行情如果是急速的下跌，通常對應的是緩速的上漲（右圖

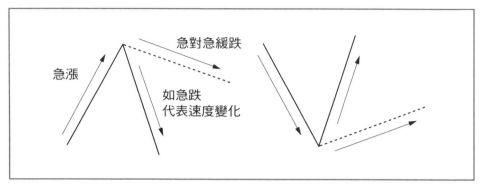

▲ 圖 1-35　急對急速度變換示意圖

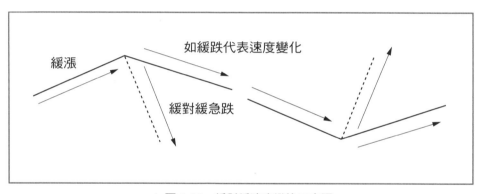

▲ 圖 1-36　緩對緩速度變換示意圖

中虛線部分），但如果對應急速上漲，代表速度的變化。

　　第二，緩對緩：如圖 1-36 所示。一輪行情如果是緩速的上漲，通常對應的是急速的下跌（左圖中虛線部分），但如果對應緩速下跌，代表速度的變化。同理，一輪行情如果是緩速的下跌，通常對應的是急速的上漲（右圖中虛線部分），但如果對應緩速上漲，代表速度的變化。

2. 股價漲幅的互換性

　　兩波行情之間的漲幅有一定的互換性，同樣包括兩波行情的上漲幅度，也就是說，如果第一波行情上漲幅度較大，且以「快速式」上漲的，那麼，第二波行情的上漲幅度相對較小，最大漲幅一般只有第一波行情的 80% 左

右，很少有超過 100% 的。如前文中圖 1-29 的貴州燃氣（600903）所示，第一波行情的漲幅超過 300%，漲幅較大，且以「快速式」上漲，而第二波行情的漲幅不到 100%，相對漲速也沒有第一波那麼快速了。

但是，如果第二波行情也是以「快速式」上漲的，其漲幅有可能會達到或超過此幅度，此時投資人對第二波行情的定性非常重要。

如圖 1-37 中毅達（600610）的 K 線圖所示，該股第一波超跌反彈行情是以「快速式」拉升展開的，漲幅在 135% 左右，而第二波主升段行情也是以「快速式」上漲出現的，其漲幅也在 140% 左右，與第一波主升段的漲幅非常接近。

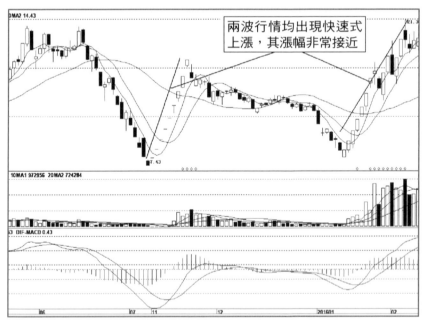

▲ 圖 1-37　中毅達（600610）日 K 線圖

相反地，如果第一波行情上漲幅度較小，且以「慢速式」上漲的，那麼第二波行情的上漲幅度相對會大些，可能達到第一波行情漲幅的 1.5 倍以上，且第二波所需的時間將會比第一波的時間要短。

如圖 1-38 東信和平（002107）的 K 線圖所示，該股從 2018 年 10 月見底回升，產生第一波上漲行情，漲幅在 100% 左右，幅度並不大，且以「慢速式」上漲，持結時間 3 個月左右。經過回檔整理後，從 2019 年 2 月開始產生第二波拉升行情，漲幅就達到 190%，呈「快速式」上漲，持續時間只有 15 個交易日。但如果第二波行情也是以「慢速式」上漲的，其漲幅可能會有所降低。

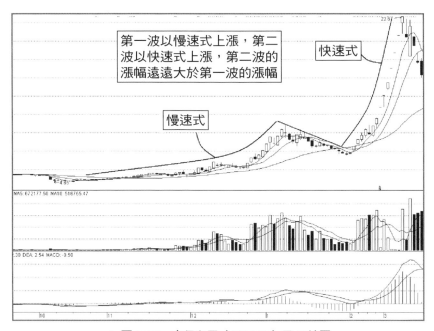

▲ 圖 1-38　東信和平（002107）日 K 線圖

❖ 調整的時間和幅度

1. 兩波之間的調整時間

　　一般而言，向下調整形態的時間最短，大多在 20~30 個交易日間就會結束調整走勢，緊跟其後展開第二波主升段。而向上調整形態的時間一般也不會很長，因為在股價震盪盤高過程中，做多能量漸漸堆積，有一種噴薄而出

的勢頭。

　　而橫向調整形態的時間最長，起碼需要等待 30 日均線跟上之後，才能出現第二波主升段，很多時候當 30 日均線跟上之後，股價還難有起色，最終形成長時間的盤整走勢，持續時間長達幾個月甚至半年以上，對於這種走勢的盤面，只能從股價是否突破某一個有意義的技術位置，來考量第二波主升段是否啟動。

2. 兩波之間的調整幅度

　　兩波行情的形態是由三個基本浪形組成的，即第 1、2、3 浪，其中第 1 浪為第一波主升段，第 2 浪為調整浪，第 3 浪是第二波主升段。在實盤中，第 2 浪的調整一般有三種方式：向下調整、橫向（水平）調整、向上調整這三種形態，呈遞強之勢。

　　向下調整形態的回落幅度最大，它是以「空間換時間」的方式，對股價進行快速回檔。這種方式主要把握兩個關鍵點：一是 30 日均線附近；二是 0.5 的黃金分割位附近。投資人可以將這兩個點作為買賣參考價位，進行短線操作。

　　橫向調整形態是以「時間換空間」的方式進行調整，一般回落幅度在20% 左右，並以箱體整理居多，以 30 日均線作為買賣參考價位進行短線操作。對於橫盤調整可以這樣解釋：正常的調整應該是向下的，但由於股價走勢太強，股價不肯下跌，就只好以橫盤代替下跌。

　　向上調整形態一般漲幅在 10% 左右，當股價放量超過這個幅度時，說明盤面十分強勢，預示著第二波主升段將要開始，如果第一波漲幅不是很大的話，此時可以考慮跟多。

第 **2** 章

別再錯過飆股，
教你看穿個股「最佳買點」！

2-1

線型：從技術面
看主升段的 5 大特徵

　　筆者經過長期的觀察和歸納，發現**那些漲幅巨大的牛股，在進入主升段階段之前，大多表現出一些相同的市場特徵**，投資人如果能夠掌握相應的投資技巧，並能夠及時發現這類股票的市場特徵，就有機會在短期內獲取高額收益。

　　所謂「主升段啟動的技術特徵」，就是指主升段以什麼樣的姿態或形式出現，這是主升段啟動的基本雛形。投資人學會以下的技術特徵，就能分析主升段的真假，並及時捕捉主升段。

❖ 主升段的技術形態特徵

　　主升段的啟動是主力加速拉高股價，脫離持倉成本區的重要手段，也是波段行情進行高潮時期的重要展現。主升段的啟動意味著股價經過充分的調整後，完全消除上方區域的重要壓力，由此展開加速放量上漲走勢。

　　如圖 2-1 元力股份（300174）的 K 線圖所示，2019 年 2 月 19 日，收出放量漲停大陽線，突破了 1 月 10 日形成的小高點壓力，但是由於前方盤整區中還有兩個高點的壓力存在，且此處的壓力更大，所以不能成為主升段的起漲點。3 月 7 日，出現兩陽夾一陰 K 線組合形態，但並沒有充分化解前方的壓力，所以股價沒有形成持續的上漲走勢，當然也就不能成為主升段行情的起漲點。

　　經過 10 個交易日的橫盤整理後，上方壓力得到很好的化解。3 月 25 日開始放量上攻，以紅三兵形態突破前高壓力，這根訊號就是主升段的起漲

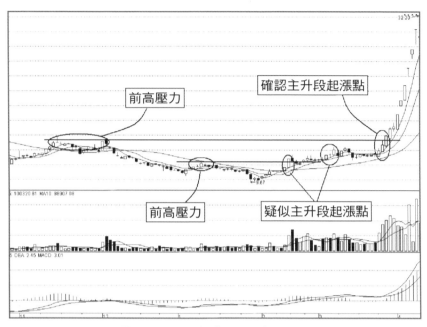

前高壓力

確認主升段起漲點

前高壓力

疑似主升段起漲點

▲ 圖 2-1　元力股份（300174）日 K 線圖

點。投資人可以在推升過程中買入，此後股價出現快速拉升行情。

　　如圖 2-2 衛寧健康（300253）的 K 線圖所示，該股長時間下跌後，在低位出現橫向窄幅盤整，股價接近水平運行長達 2 個多月，成交量大幅萎縮，形成潛伏底形態，表示主力在此期間大量吸納低價籌碼。2018 年 1 月 24 日，一根放量上漲大陽線脫離了底部盤整區的牽制，隨後股價出現強勁的盤升行情。

　　這就是主升段行情的起漲點，投資人若遇到這種情況，當天就應當「搏一下」。當起漲點出現後，股價再次出現大幅度調整的可能性極小，偶爾出現的回檔也是正常的洗盤走勢，或是突破後的回測確認過程，通常會在短期內結束（一般在一週左右）。

　　在洗盤過程中，股價一般不會主動跌破 10 日均線，極限位置在 30 日均線。有時主力會反其道而行，故意擊穿一下均線系統，然後在 3 個交易日內拉回，所以要仔細觀察盤面變化。

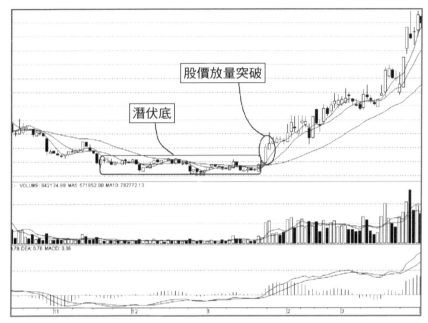

▲ 圖 2-2　衛寧健康（300253）日 K 線圖

❖ 主升段的 K 線技術特徵

　　一般投資人都知道，股市的漲跌透過 K 線得以表現，主升段的啟動可以從 K 線中找出一些技術特徵，並根據這些技術特徵分析研判後市股價的走向。

　　主升段啟動時的 K 線大多以大陽線為標誌（少數以形態為標誌），當天收盤時的漲幅在 5% 以上（在強勢市場中 3%~4% 的中陽線也可）。如以陰 K 線報收，屬於大幅高開的小陰線或十字星（漲幅在 6% 以上），才能認定為具有標誌性的 K 線。

1. 超越大陽線

　　超越大陽線就是後面的大陽線超越了前面的大陰線，這是一個短線買入訊號。股價處於上升趨勢之中（有時也出現在底部），因短線累計獲利盤豐厚，所以股價在獲利盤衝擊下步入調整，日 K 線表現為陰陽交錯，陰多陽少。

在經過連續幾日震盪下挫之後，某一日股價以大陰線，擊穿了上升以來對股價有較強支撐作用的 10 日甚至 30 日均線，似乎預示著中長期上升趨勢已被破壞，股價將陷入漫長的調整期。

但是，次日股價卻出現了戲劇性轉折，在跳高開盤後，股價逐步攀升，最終日 K 線以大陽線（常常是光頭大陽線或漲停陽線）報收，並配合放大的成交量。而且大陽線收盤價高於陰線的開盤價，構成「超越大陽線」。

此訊號出現，意味著多頭主力已成功將不堅定的短線散戶清理出場，上檔賣壓大大減輕。多方再度全面控制大局，此後股價將展開新一輪上漲行情。

在遇到「超越大陽線」時，投資人應注意以下幾點。

⑴ 出現「超越大陽線」訊號當天，成交量不可以放得太大，否則可信度不高。

⑵「超越大陽線」的前一天 K 線，可以是中陰線或小陰線。

⑶「超越大陽線」必須出現在上升趨勢之中，也可以發生在突破之後的回測確認結束之時，不適用於盤局之中。

⑷ 出現訊號當天股價若上封漲停，可第一時間參與排隊搶籌。

⑸ 在出現訊號的當天收盤前買進，隨後幾天若股價出現小幅震盪可不理會，只要收盤價不破 5 日均線均可持有。

⑹ 如果出現在漲升末期，宜快進快出，在獲利達 10% 以上時即離場，不可戀戰，以免被高位套牢。

需要說明的是，「超越大陽線」還有另外一種解釋，就是後面的大陽線超越了臨近前面的大陽線的收盤價，表示洗盤整理結束，從而構成買入訊號，且看下面這個實例。

如圖 2-3 通光線纜（300265）的 K 線圖所示，該股在 2018 年 9 月和 12 月出現兩次「超越大陽線」形態，圖中兩處的 B 點超越 A 點。

該股築底成功後，主力發力向上突破底部盤整區，均線系統隨之向上發散，之後，對突破的有效性進行回測確認。2018 年 9 月 10 日，股價回落到 30 日均線附近，當天 K 線收出一根大陰線，第二天，收出一根光頭光腳的漲停大陽線，收盤價超越了下跌大陰線的開盤價，構成「超越大陽線」形態買入訊號。表示股價突破底部盤整區有效，同時也得到 30 日均線的支撐。

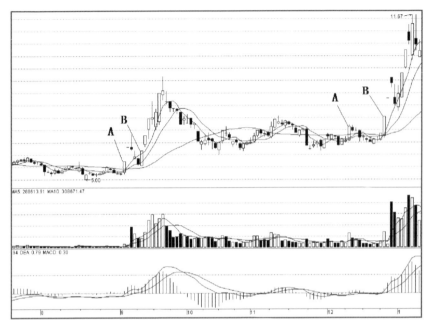

▲ 圖 2-3　通光線纜（300265）日 K 線圖

　　之後，在 12 月出現同樣的走勢，均產生較大幅度的上漲行情。投資人
遇到這種盤面走勢時，應積極跟進做多。

2. 一針穿三線

　　一針穿三線就是一根大陽線同時成功穿過短線（5 日）、中線（10 日）、
長線（30 日）三條移動平均線，也稱「神針穿線」，為強烈的底部單日反
轉訊號。

　　股價開盤後幾乎沒有回測動作，呈現上漲，最終收於最高價或次高位，
上下影線很短或沒有，光頭光腳的大陽線給人巨大的想像空間。技術意義就
是市場經過一段時間的爭奪戰後，多空雙方力量勢均力敵，市場歸於平穩，
雙方在一個相對平衡的格局裡運行。但平靜往往是醞釀一輪更大的行情，時
機一旦成熟，巨大的力量就會朝一個方向噴薄而出，勢不可擋，市場轟動效
應十分明顯，因此具有強烈的看漲意義。

　　一針穿三線形態的基本要求如下。

(1) 收盤價大大高於開盤價，為大陽線。

(2) 陽線實體部分較長，股價實際漲幅較大。

(3) 沒有上下影線，或上下影線很短。

(4) 這根大陽線成功向上穿過三根移動平均線。

一針穿三線的形態，經常出現於以下幾個階段。

(1) 股價較長時間處於下跌行情中，勢道十分疲弱，但跌勢有所收斂，短、中、長期均線十分靠近，股價突然放量向上，有效穿過三條均線，表示跌勢被扭轉，市場迎來轉機。

(2) 股價經過深幅下跌後，在底部較長時間的盤整走勢中，成交量持續低迷，交投沉寂，短、中、長期均線逐漸接近，股價突然放量上行，成功穿越三條均線的壓制，表示主力吸貨宣告結束，市場迎來上漲行情。

(3) 股價長時間處於牛皮勢道中，上升速率緩慢，短、中、長期均線比較接近，經過一兩天的短暫回檔後，股價放量向上穿越三條均線，表示市場即將進入加速上漲行情。

(4) 股價經過一段小幅上漲行情後，主力開始洗盤換手，市場進入強勢調整，短、中、長期均線從上行走勢轉為平行走勢，股價突然再次放量向上突破整理格局，表示洗盤換手結束，市場進入新一輪漲勢或主升段行情。

當市場出現上述盤面現象時，均為一針向上穿越三線形態，為短線較佳的買入點。

如圖 2-4 銀星能源（000862）的 K 線圖所示，股價經過大幅調整後止穩盤整，主力在底部吸納了大量的低價籌碼。2019 年 1 月 30 日，一根光頭光腳的漲停大陽線，向上成功穿過 5 日、10 日、30 日均線的壓力，形成看漲的「一針穿三線」形態，從而開啟一波拉升行情。從盤中可以看出，成交量積極放大，表示盤局將被打破，市場將迎來上漲行情，是短線入場的良機。

在實戰操作中遇到這種形態時，應掌握以下技術要點。

(1) 一針穿三線形態所吞沒的日 K 線數量越多，其反轉的市場意義越大。第二天股價持續向上發展，技術含義更加強烈。

(2) 順大勢而行的一針穿三線形態，可以順勢操作。逆大勢而行的一針穿三線形態，可靠性不高，投資人最好儘量不要參與。

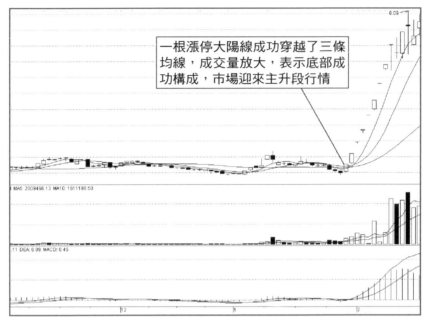

一根漲停大陽線成功穿越了三條均線，成交量放大，表示底部成功構成，市場迎來主升段行情

▲ 圖 2-4　銀星能源（000862）日 K 線圖

　　(3) 成交量保持活躍狀態，無論是向上突破還是向下突破，一針穿三線形態通常伴有較大的成交量，放大的成交量讓人感到勢不可擋。如果是一兩天的脈衝式放量，或出現頂天立地的單天放量，訊號可靠性不高，虛假的可能性極大。

　　(4) 股價成功突破一個重要的技術位置，如壓力位和支撐位、趨勢線、前期成交密集區、整數點位等，可以積極參與多空博弈。

　　(5) 一針穿三線形態應以實體 K 線作為分析依據，如果僅僅是上下影線部分穿過三條均線，收盤時沒有站穩，則沒有實質性技術意義。光頭光腳的神針穿線形態其分析意義更大，後市漲跌強度與 K 線的長度成正比。

3. 突破大陽線

　　股價在長期的運行過程中，可能會形成某些有重要意義的位置，但這些位置不可能長期存在，遲早有一天會被突破。當大陽線成功向上跨越或脫離這些重要位置時，顯示出市場出現向上突破走勢，股價蓄勢整理結束，後市

將有可能出現一段升勢行情，此時投資人可以中短線積極做多。

　　能夠成為突破的技術位置很多，比如移動平均線、趨勢線（通道）、技術整理形態、成交密集區域以及黃金分割線、整數點位和時間之窗等，筆者就大陽線突破盤區（成交密集區）、移動平均線和技術形態這三種盤面現象作分析，其他的突破訊號，投資人可在實戰中自行作整理。

(1) 大陽線突破盤整區

　　股價長時間在底部震盪整理過程中，就會形成一個盤整區域或成交密集區域，這個區域具有支撐和壓力作用。大陽線一旦成功向上突破該區域，成交量積極配合，該處往往成為一個中短期的底部，後市將會出現一波持續的上漲行情，此時可以積極做多。這種突破現象可以出現在市場的任一階段，但突破高位盤整區域時，要防止主力拉高出貨。

　　如圖 2-5 通光線纜（300265）的 K 線圖所示，這是一個底部盤整區域突破的例子。股價反彈結束後，出現回落調整，震盪幅度收窄，形成一個盤整區。在整個調整過程中成交量大幅萎縮，做空能量充分釋放。經過近兩個多月的橫盤整理後，2018 年 12 月 25 日突然一根放量漲停大陽線拔地而起，突破了底部盤整區域，隨後股價出現一波快速上漲行情。

　　從圖中可以看出，股價反彈結束後出現較長時間的盤整，從成交量上分析，想出場的人基本已經退出了，持股不動的人大多屬於看多一族，因此後市下跌空間已被封殺。

　　在大陽線出現之前，股價經過充分的築底過程，底部基礎構築扎實，股價一旦脫離該區域，此處就會成為中長期底部。在大陽線出現之後，成交量明顯放大，顯示買盤積極，做多熱情高漲，說明股價脫離底部區域成功有效。因此，這根大陽線是底部突破性標誌，投資人可以積極跟進做多。

　　在震盪盤整行情中很難賺到錢，因為它沒有一個明顯的趨勢性行情出現，什麼時候結束盤整，很難從均線系統或其他技術分析中找到答案。因為盤整時均線形成糾纏狀態，走勢上上下下，反覆地震盪、糾纏，黃金交叉又上來了後，死亡交叉又下去了，沒有辦法用均線系統判斷和操作。

　　因此，要結束這種盤整走勢，必須有強大的做多力量，才能打破這種僵局，而大陽線突破盤局就是一個標誌性訊號，掌握了這種 K 線後，就讀懂了盤面語言和主力意圖，隨後的操作也就得心應手了。

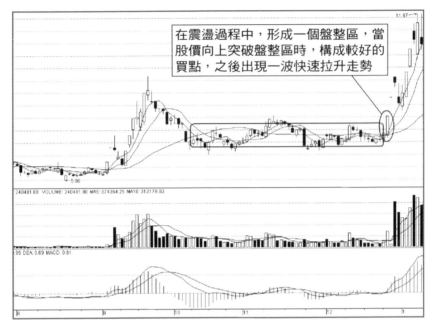

在震盪過程中，形成一個盤整區，當股價向上突破盤整區時，構成較好的買點，之後出現一波快速拉升走勢

▲ 圖 2-5　通光線纜（300265）的日 K 線圖

(2) 大陽線突破均線

當大陽線向上突破均線時，股價由均線下方轉為均線上方，預示股價下跌或調整結束，後市將出現上漲行情，因此是一個看漲訊號。

這種情況通常有三種盤面現象：一是出現在下跌趨勢的後期，大陽線向上突破下行的均線；二是出現在上升趨勢途中，股價洗盤調整結束後，大陽線向上突破上行的均線；三是出現在橫盤整理過程中，大陽線向上突破水平移動的均線。根據均線週期長短，包括大陽線突破短期、中期和長期均線三種類型。在此筆者僅就大陽線突破 30 日均線為例進行分析，至於其他類型的均線突破，投資人可以根據筆者提供的思路，自我研判歸納。

如圖 2-6 特發信息（000070）的 K 線圖所示，這個例子出現在洗盤調整結束後，大陽線向上突破上行的 30 日均線。股價經過一輪快速下跌後止穩回升，形成新的上升通道，均線系統呈多頭排列。不久，主力開始洗盤整理走勢，股價向下回落到 30 日均線之下，成交量出現明顯的萎縮態勢。

經過短暫的整理後，2019 年 1 月 2 日一根放量漲停大陽線拔地而起，

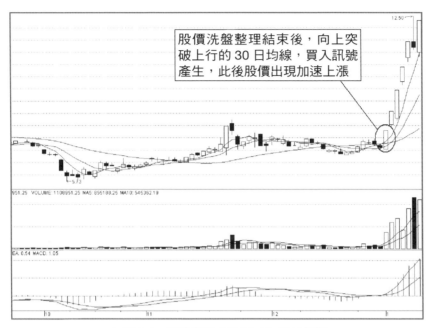

股價洗盤整理結束後，向上突破上行的 30 日均線，買入訊號產生，此後股價出現加速上漲

▲ 圖 2-6　特發信息（000070）日 K 線圖

突破了 30 日均線的壓制，股價重回 30 日均線之上，預示洗盤整理結束，後市將展開新的上漲行情，因此這是一個買入訊號。隨後股價連續漲停，出現一波加速上漲行情，短期獲利非常豐厚。

該股在大陽線突破之前，股價已經有了小幅上漲，主力為了日後更好拉高出貨，展開洗盤調整走勢。從圖中可以看出，在股價回檔時成交量出現萎縮狀態，表示浮動籌碼不多，在大陽線突破之前，股價運行在上升趨勢之中，30 日均線始終處於上行狀態，這根大陽線也為股價上漲發揮推波助瀾的作用。同時，在大陽線突破後的第二天，股價繼續強勢上漲，表示突破強度比較強大，氣勢比較強盛，因此做多訊號非常強烈。

(3) 大陽線突破技術形態

股價在長期的運行過程中，可能會形成某些技術形態，如常見的雙重底（頂）、頭肩形、圓弧形、三角形、楔形或旗形等，大陽線一旦成功突破這些技術形態，表示技術形態構築完畢，股價將沿著突破方向繼續運行，因此是一個較好的短線買入訊號。

▲ 圖 2-7　必創科技（300667）日 K 線圖

　　如圖 2-7 必創科技（300667）的 K 線圖所示，從該股走勢圖中可以看出，2018 年 3 月 23 日，當股價下跌到左肩低點附近時，可以試探性介入，此為第一買點。當股價隨著成交量的放大向上突破頸線壓力時，可以加倉介入，此為第二買點。如果出現回測確認走勢，則可以重倉介入，構成第三買點。

　　該股向上突破後，沒有出現回測確認走勢，而是直接進入主升段行情，所以在第一買點和第二買點介入也是可行的操作方法，否則容易錯失一支牛股。

❖ 主升段的能量技術特徵

　　在股市中，成交量是研判股價上漲的關鍵要素，只有得到成交量的積極配合，才能說明主力有大規模資金流入市場，股價才具有上攻潛力。因此投資人在分析股價運行趨勢時，往往透過對量價的研判，來辨別多空雙方能量變化的規律，進而推測股價的變化趨勢。通常，在主升段啟動時的量能有以

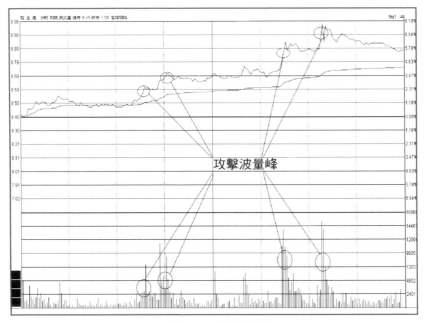

攻擊波量峰

▲ 圖 2-8　攻擊波量峰

下特徵。

(1) 在股價上漲的當天，資金量大幅增加，入場意願明顯。

(2) 在分時走勢中，當天盤中交易大單與特大單急劇增多。

(3) 在當天盤中，成交張數大幅增加。

(4) 在分時走勢中，盤中出現典型的攻擊式量峰。在出現持續攻擊時，量峰波形特徵明顯。

(5) 盤中以攻擊波為主體，或以衝擊式攻擊波結構為主，如圖 2-8 所示。

❖ 主升段的均線技術特徵

主升段的均線系統應掌握以下幾點：一是均線系統處於多頭排列；二是均線黃金交叉或拒絕死亡交叉；三是均線系統出現的銀三角、金三角特殊狀態；四是均線系統曲線黏合後的向上分離情況。以下逐一說明。

1. 均線多頭排列

多頭排列一般是指短期均線大於中期均線，中期均線大於長期均線，且呈現不斷向上攀升的運行趨勢。也就是說，短期均線在上方，中期均線在中位，長期均線在下方，趨勢不斷向上發散。表示股價處於上升過程中，後市股價繼續看漲，因此是一個逢低買入訊號。

分析行情時，一定要堅持原則。也就是說，在看圖時要先從能夠反映 K 線行情趨勢的均線，來做詳細的分析和判斷，確定均線的排列情況。如果均線處於空頭排列時，就不能進行看多、做多，只有當均線系統處於多頭排列時，才可以看多、做多。

如圖 2-9 康泰生物（300601）的 K 線圖所示，在 2018 年 2 月初，該股主力成功構築一個空頭陷阱後，股價開始向上突破，均線系統呈現多頭排列，股價穩步向上走高。從圖中可以看出，該股位於上方的 5 日均線、居於中間的 10 日均線和處於下方的 30 日均線，這三根均線處於穩健的向上攀升走勢，呈現出一種很典型的多頭排列狀態。這也說明這檔股票由多方牢牢控

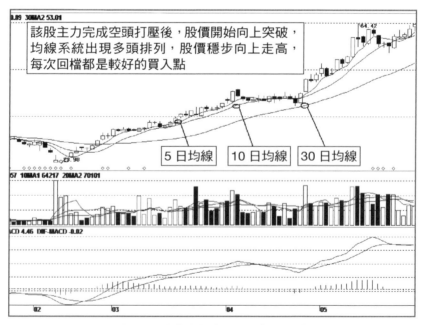

▲ 圖 2-9　康泰生物（300601）日 K 線圖

制著局勢，此時的空方也只能在一邊看著，對上漲行情束手無策。

　　雖然在上漲過程中出現短暫的調整走勢，但同期的均線系統仍是保持著向上前進的態勢，股價也是按照多方的意願一步一步地向上攀升。因此，多頭排列往往被投資人看成看多、做多的標誌。在這種情況下，投資人積極做多就有相當大的勝算。

　　可見，當一檔股票 5 日、10 日、30 日均線保持多頭排列走勢時，儘管過程中會遇到一些阻力，但整體局勢依然由多方掌控，投資人也就沒有必要擔心股價會下跌，應當堅定信念，牢牢抓住手中的股票，千萬不要想盲目地看空、做空。只有這樣做，才能獲取更大的投資收益。

2. 均線黃金交叉訊號

　　短期均線由下向上穿越中期或長期均線，而中期或長期均線向上移動，稱為「黃金交叉訊號」。黃金交叉訊號可以積極做多。兩線交叉的角度越陡峭，買入訊號越強烈；角度越平坦，買入訊號越微弱。

　　5 日均線與 10 日均線黃金交叉為短線買入點，此時買入雖然風險較大，但進貨成本較低，一旦股價持續升勢，獲利較為豐厚。10 日均線與 30 日均線黃金交叉為中長線買入點，雖然買入風險小一些，但由於進貨成本較高，獲利相對較小。總之，對於兩個買點，投資人可根據自己的操盤經驗和風險承受能力進行選擇。

　　如圖 2-10 東方通信（600776）的 K 線圖所示，該股主力完成一輪拉升行情後，出現回落洗盤走勢，當股價回檔到 30 日均線附近時，得到上行的30 日均線有力支撐。2019 年 2 月 14 日，股價向上突破前一輪行情的高點，5 日均線向上黃金交叉 10 日均線，然後再次向上黃金交叉 30 日均線。同時10 日均線向上黃金交叉 30 日均線，30 日均線保持強勁的上行勢頭，均線系統向多頭發散，顯示盤面已經重新轉為強勢。此時可以逢低大膽做多，隨後該股出現大幅上漲行情。

　　需要特別說明的是，**黃金交叉的買入訊號是不一樣的，有強弱之分，可靠性也有高低之別**。一般來說，時間長的兩根線黃金交叉，要比時間短的兩根線黃金交叉來得強，反映的做多訊號也相對比較可靠。比如，5 日均線與10 日均線黃金交叉時買進，比 10 日均線與 30 日均線黃金交叉時買進的安全性要差一些。

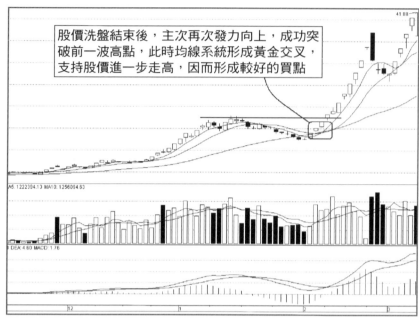

股價洗盤結束後，主次再次發力向上，成功突破前一波高點，此時均線系統形成黃金交叉，支持股價進一步走高，因而形成較好的買點

▲ 圖 2-10　東方通信（600776）日 K 線圖

此外，**黃金交叉訊號與長期均線所處方向也有關**。比如兩線黃金交叉時，如果長期均線向上移動，其買入訊號較可靠；如果長期均線平行移動，其買入訊號較一般；如果長期均線向下移動，其買入訊號的可靠性較差。

3. 均線拒絕死亡交叉

股價經過一輪上漲後，主力為了日後更好進行拉升和出貨，主動進行回檔洗盤調整，股價出現回落走勢。當 5 日均線即將與 10 日均線形成死亡交叉時，卻擦肩而過，反轉掉頭揚升，如同「蜻蜓點水」。成交量再度放大，日 K 線為陽線，30 日均線走勢堅挺，表示洗盤即告結束，將要展開一輪主升段行情，應是買入機會。

或者，由於主力洗盤比較徹底，5 日均線掉頭向下與 10 日均線構成死亡交叉，但 5 日均線拒絕與 30 日均線死亡交叉。大約 3~5 個交易日（一般不超過 7 個交易日，否則不宜用此法判定）後，再次與 10 日均線發生黃金交叉，10 日均線和 30 日均線保持向上走勢，成交量同步放大，也是理想的

買入訊號。

再或者，由於主力加大洗盤強度，5 日均線和 10 日均線構成死亡交叉後，繼續向下與 30 日均線形成死亡交叉，但股價跌幅不大。5 日均線和 10 日均線在 30 日均線下方維持一段時間的整理後，不久 5 日均線再次與 10 日均線發生黃金交叉，而後繼續向上，成功穿過 30 日均線。30 日均線保持向上走勢，使前面的死亡交叉訊號成為一個空頭陷阱，與拒絕死亡交叉訊號具有同樣的效果。此時如果成交量同步放大，也是理想的買入訊號。

以上三種現象，都表示主力洗盤結束，股價即將進入主升段行情。

如圖 2-11 聯得裝備（300545）的 K 線圖所示，股價向上突破均線系統後，主力開始洗盤整理，股價出現回落走勢，5 日均線和 10 日均線掉頭向下。2019 年 2 月 11 日，當 5 日、10 日均線即將與 30 日均線構成死亡交叉時，股價卻有驚無險，多頭將股價拉起，5 日、10 日均線與 30 日均線拒絕死亡交叉。5 日、10 日均線重新掉頭向上，騰空而起，均線系統繼續呈多頭排列，形似「蜻蜓點水」。

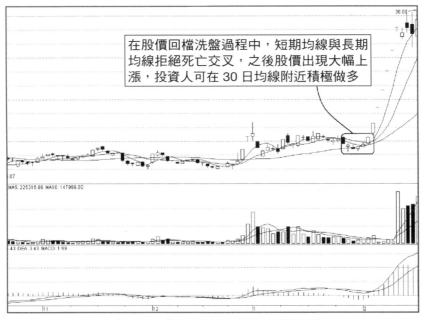

▲ 圖 2-11　聯得裝備（300545）日 K 線圖

當日成交量開始放大，日 K 線為漲停大陽線，30 日均線保持上升態勢，MACD 中的 BAR 指標綠柱縮短、紅柱出現並逐日增長，這是一個難得的買入機會。其後股價出現持續上漲，形成主升段行情。

4. 三角形訊號

(1) 銀三角訊號

股價經過一輪下跌調整後，在底部止穩盤整，接盤力量增大，股價開始轉勢向上。短期均線黃金交叉中期、長期均線，隨後中期均線也黃金交叉長期均線，此時長期均線線呈上升趨勢。在均線趨勢線上形成一個尖頭向上的不規則三角形，這個三角形稱之為「銀三角」，是一個較好的買入訊號。

如圖 2-12 天和防務（300397）的 K 線圖所示，該股主力在底部調整過程中，吸納了大量的低價籌碼，經過打壓洗盤後，股價開始向上運行，表示資金介入明顯。

2019 年 2 月 14 日，5 日均線向上黃金交叉 10 日均線後，再次向上黃金交叉 30 日均線。隨後 10 日均線向上黃金交叉 30 日均線，30 日均線由原來的平行狀態漸漸轉為上行走勢。在均線圖表上形成一個尖頭向上的不規則三角形，符合銀三角形態特徵。這是一個較好的買入點，之後股價出現大幅上漲，累計漲幅較大。

(2) 金三角訊號

在底部區域出現一個銀三角形態之後，股價小幅向上攀升，經過主力洗盤換手或調整後，股價再次發力向上拉升，預示行情即將進入主升段階段。

此時，短期均線黃金交叉中期和長期均線，隨後中期均線也黃金交叉長期均線，長期均線保持上升趨勢，在均線趨勢線上又形成一個尖頭向上的不規則三角形。後面出現的這個三角形，稱之為「金三角」，即為介入訊號。如果回檔確認並成功時，應大膽加倉買入，短期獲利概率極大。

如圖 2-13 明家科技（300242）的 K 線圖所示，該股見底後漸漸向上回升，不久在底部出現一個向上的銀三角形態，股價出現小幅上漲，主力為了今後更好炒作和撤退，便進行洗盤調整，股價出現回落走勢。當股價回落到前期低點附近時，獲得了強大的技術支撐，股價再次上漲，均線系統再度形成黃金交叉，從而形成一個向上的金三角形態，即 5 日均線黃金交叉 10 日、30 日均線後，10 日均線又黃金交叉 30 日均線，此時 30 日均線線呈上升趨勢，

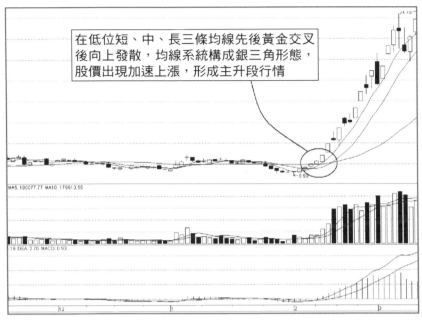

在低位短、中、長三條均線先後黃金交叉後向上發散，均線系統構成銀三角形態，股價出現加速上漲，形成主升段行情

▲ 圖 2-12　天和防務（300397）日 K 線圖

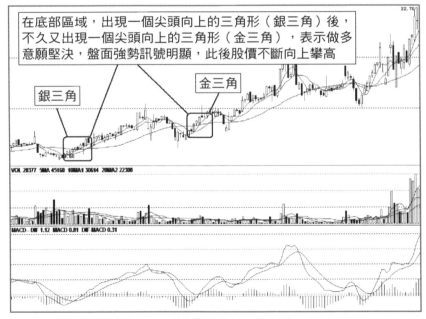

在底部區域，出現一個尖頭向上的三角形（銀三角）後，不久又出現一個尖頭向上的三角形（金三角），表示做多意願堅決，盤面強勢訊號明顯，此後股價不斷向上攀高

銀三角

金三角

▲ 圖 2-13　明家科技（300242）日 K 線圖

從而構成理想的買入點。其後,該股進入牛市上漲行情。

需要注意的是,銀三角、金三角從圖形特徵上來說沒有什麼區別,其不同之處在於出現的時間有先有後。習慣上把均線上先出現的尖頭向上不規則三角形稱為銀三角,把後出現的尖頭向上不規則三角形稱為金三角。一般來說,金三角的位置要略高於銀三角,但有時也可能平於或略低於銀三角。從時間上來說,它們相隔時間越長,金三角的含金量就越高。

就技術而言,金三角買進訊號的可靠性要比銀三角高。其原因是,金三角的出現既是對銀三角做多訊號的再一次確認,又可說明多方在有了前一次上攻經驗後,這次準備得更加充分,成功概率自然會更大一些。據經驗分析,在銀三角處買入股票,日後成功與失敗之比為 7:3,而在金三角處買入股票,日後成功與失敗之比為 8:2。

5. 均線黏合訊號

(1) 低位黏合訊號

股價經過一輪下跌後,在低位出現盤整走勢,主力進場建倉或壓箱頂吸收廉價籌碼,使 5 日、10 日、30 日均線在底部黏合或平均值接近(黏合越緊、時間越長,後市爆發力越大)。某日,如果股價向上突破,5 日均線脫離黏合開始向上發散,10 日和 30 日均線尾隨其後也跟著向上運行,均線系統出現多頭發散狀態。此時如果成交量持續放大,表示一個中級大底基本出現,這時可以逢低及時跟進,做一波中級行情。

如圖 2-14 魯億通(300423)的 K 線圖所示,該股在低位長時間出現橫盤走勢,5 日、10 日、30 日均線在低位幾乎黏合成一條線,時間長達 1 個月。

2019 年 2 月 12 日,一根放量漲停大陽線,向上突破盤整區域,5 日均線脫離黏合狀態,出現明顯的向上走勢。當日成交量放大,MACD 指標向上發散。隨後 10 日、30 日均線向上發散,預示短期股價將繼續上行,此時應擇機介入。

(2) 中途黏合訊號

中途黏合現象主要出現在以下兩種市場行情中。第一,在上漲過程中出現黏合。行情經過一輪漲升後,主力開始震倉洗盤,股價震盪回檔或出現橫盤走勢。此時 5 日、10 日、30 日均線在中位黏合或平均值接近(黏合越緊、時間越長,後市爆發力越大),呈水平橫盤或略向上趨勢。

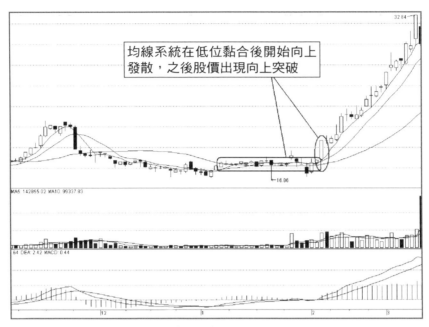

均線系統在低位黏合後開始向上發散，之後股價出現向上突破

▲ 圖 2-14　魯億通（300423）日 K 線圖

　　不久，5 日均線脫離 10 日、30 日均線後向上運行，10 日、30 日均線也隨之而上，均線系統出現多頭排列，成交量持續放大。MACD 中的 BAR 綠柱縮小或紅柱增長。表示第二輪拉升行情即將開始，如果沒有抓住第一輪拉升行情的投資人，這時可以積極跟進，開心地做一輪短線上漲行情。

　　如圖 2-15 航天中匯（600677）的 K 線圖所示，該股經過一波小幅上漲行情後，主力在相對高位構築平台整理，使意志不堅定的投資人誤以為主力出貨而紛紛離場。期間 5 日、10 日、30 日均線產生黏合狀態，持續時間長達 1 個多月。

　　不久，主力洗盤結束，開始發力上攻，均線向多頭發散。當日成交量大於 5 日均量，日 K 線收陽線，MACD 指標黏合後向上發散，BAR 指標紅柱加長，此時形成理想買入點。從此該股進入新一輪上漲行情，股價出現翻倍，給投資人帶來一份豐厚的回報。

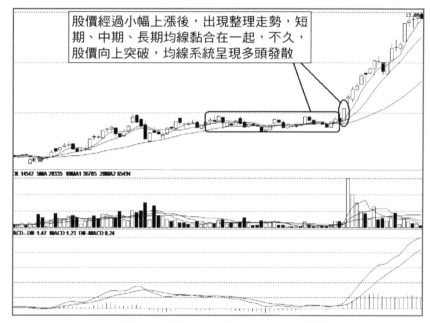

股價經過小幅上漲後，出現整理走勢，短期、中期、長期均線黏合在一起，不久，股價向上突破，均線系統呈現多頭發散

▲ 圖 2-15　航天中匯（600677）日 K 線圖

6. 均線發散訊號

(1) 首次交叉後向上發散

短期、中期、長期均線從向下發散狀態逐漸收斂後，轉變為向上發散狀態。這種情況若出現在下跌後期，則是買進訊號，後市看漲。一般來說，向上發散的角度越大，後市上漲的潛力就越大。均線向上發散時，若得到成交量的支援，則訊號的可靠性越強。

如圖 2-16 東方網路（002175）的 K 線圖所示，該股經過長時間的調整後止穩回升，擴散的均線系統漸漸開始收斂，成交量出現溫和放大。2019年 2 月下旬，短期均線向上穿過中期、長期均線後，繼續向上發散，形成多頭排列，盤面由空頭市場轉為多頭市場，這時投資人可以逢低積極做多。

(2) 再次交叉後向上發散

該情形出現在漲勢中途，均線系統曾出現過一次向上發散（可以是黏合發散，也可以是交叉向上發散）。此後不久，向上發散的均線又逐漸開始收斂，短期、中期、長期均線在收斂後再次向上發散。這是很好的買進訊號，

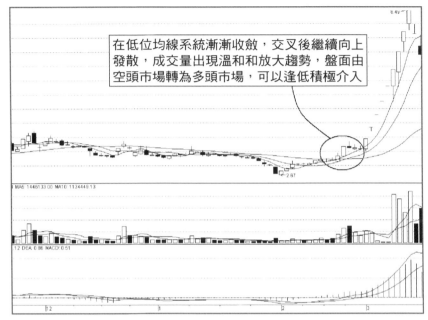

在低位均線系統漸漸收斂，交叉後繼續向上發散，成交量出現溫和和放大趨勢，盤面由空頭市場轉為多頭市場，可以逢低積極介入

▲ 圖 2-16　東方網路（002175）日 K 線圖

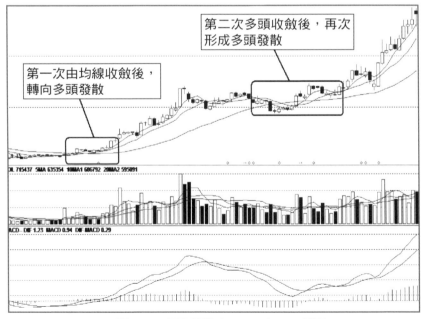

第二次多頭收斂後，再次形成多頭發散

第一次由均線收斂後，轉向多頭發散

▲ 圖 2-17　國元證券（000728）日 K 線圖

後市繼續看漲。距離上一次向上發散的時間越長，繼續上漲的潛力越大。

如圖 2-17 國元證券（000728）的 K 線圖所示，股價見底後，主力開始介入，並進行了長時間的築底工作。均線系統從空頭發散慢慢收斂後，首次交叉向上開展多頭發散。經過一段時間的攀升行情後，股價回落洗盤整理，多頭發散的均線系統又開始漸漸收斂。當洗盤整理結束後，均線系統再次向上多頭發散，從此展開主升段行情。

這是主力與散戶進行的一場遊戲。當主力剛開始促使均線向上發散時，散戶跟風而入。此時主力就會把股價打壓下來，促使一些短線投資人退出。當大量的盤中浮動籌碼得到交換後，敢跟主力「玩」的投資人已經很少，這時主力就會讓均線再次向上發散，股價進入主升段行情。可見，當均線再次向上發散時，就可以跟著主力做多，這是搭順風船的一個極好機會。

❖ 主升段的盤面異動特徵

原先股價運行於一個平穩的市場中，突然被某一種巨大的力量所打破，盤面出現上下大幅波動，成交量出現脈衝式現象，表示主力暗中作梗，股價將爆發一波主升段行情。盤面出現異動時符合以下幾個特徵。

⑴盤面出現大幅波動，打破了往日的寧靜，K 線時陰時陽。

⑵成交量大幅放大，表示有新增資金入場。

⑶當盤面達到平衡後，再次放量上漲或創新高時，為理想的買入點。

⑷出現在大幅下跌後的低位或小幅上漲後的中位，在高位應謹防主力出貨。

如圖 2-18 置信電氣（600517）的 K 線圖所示，該股主力在長期調整過程中，吸納了大量的低價籌碼。2019 年 1 月 4 日開始，連續兩個漲停，突破了 30 日均線的壓制，盤面出現明顯的異動走勢。隨後盤面又恢復了平靜的走勢，成交量也出現相應的萎縮，股價回落到 30 日均線附近。

此時 30 日均線緩緩上行，支持股價向上走高，當股價回升到前期高點附近時，3 月 11 日開始又出現兩個漲停，突破了前高的壓力。但接著兩天股價大幅回落，收回前面兩個漲停的大半漲幅，盤面走勢十分異常。3 月 15 日開始，因資產重組而停牌，這是前期盤面出現異動的主要原因。4 月 1 日，

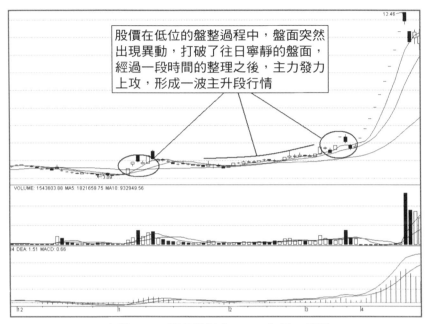

股價在低位的盤整過程中，盤面突然
出現異動，打破了往日寧靜的盤面，
經過一段時間的整理之後，主力發力
上攻，形成一波主升段行情

▲ 圖 2-18　置信電氣（600517）日 K 線圖

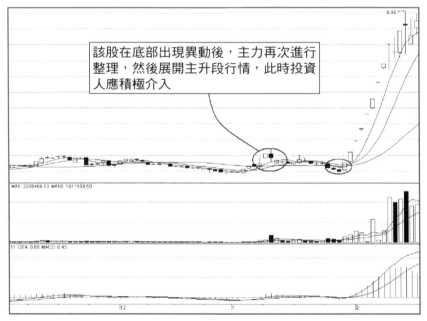

該股在底部出現異動後，主力再次進行
整理，然後展開主升段行情，此時投資
人應積極介入

▲ 圖 2-19　銀星能源（000862）日 K 線圖

帶著利多消息復牌，股價連拉 9 個一字板。

如圖 2-19 銀星能源（000862）的 K 線圖所示，股價在底部長時間窄幅震盪，盤面非常沉寂，成交量大幅萎縮，幾乎被市場所遺忘。2019 年 1 月中旬，盤面出現異動走勢，成交量開始放大，股價上下大幅震盪。一陣騷動之後，又陷入沉寂。1 月 30 日，一根放量漲停大陽線拔地而起，開啟一輪波瀾壯闊的主升段行情。

從上述兩個例子中可以看出，當盤面出現異動時，先不要急於介入，因為此時股價上下起伏較大，入場點位難以掌握。此外，異動盤面形成之後，通常還會有一個短暫平靜過程，主力進行盤面整理，然後才能真正開始上攻。所以，正確的做法就是一路追蹤它，一旦向上突破，就可立即跟進，就可以輕鬆地掌握拉升行情。

2-2 範例： 主升段的 6 大經典形態

主升段有 6 大經典形態，將於本節中一一詳細說明。

❖ 長期臥底的盤整形態

這種盤面現象是股價在一個投資價值區域裡，呈橫向窄幅波動或者小箱體運行，成交量大幅萎縮，持續時間較長（時間越長、震幅越小，後市股價上漲強度越強、漲幅越大）。這是主力為了避免提高建倉成本，而在一個窄小的區間裡悄悄收集籌碼所致。

盤面上，往往是在某一個高點堆放大賣單，封堵股價的上漲空間，避免建倉成本過高，當股價遇阻下跌到某一個低點時，又有買盤介入，阻止了股價的繼續下跌。久而久之，股價走勢呈現一條橫向盤整帶（但並非絕對的橫盤，有時會出現上傾或下斜）。期間，由於沒有明顯的漲跌出現，不容易引起市場的注意，使得主力在橫盤中吸貨的意圖得到極好的隱蔽。

在低位長期橫盤的股票一旦啟動，其漲幅往往十分驚人，「橫有多長，豎有多高」，指的就是這種形態。對於中長期投資人而言，是一種很好的選擇。其主要特徵如下。

1. 股價處於相對低位

所謂低位是指這檔股票已經經過了長期的下跌，跌到了前期高點的 50% 以下，有時候跌幅甚至超過 70%。在下跌的初期，也會形成放量過程，但在低位開始橫盤之後，成交量漸漸萎縮，盤面較為清淡。

2. 盤整時間相對較長

一般橫盤時間要在一兩個月以上，有的股票則長達半年，甚至更長。散戶中很少有人能看著手上持有的股票連續長時間紋絲不動而無動於衷的，因為大盤在此期間肯定是來回好幾次了。通常，投資人都會去追隨強勢股，以期獲取短線利潤，主力則恰恰希望這種情況出現，悄悄地接納廉價籌碼。

3. 整理期間相對縮量

主力橫盤吸貨時基本上沒有明顯的放量過程，如果在某一時段主力吸籌過快，就很容易導致股價上升較快。而且，成交量的放大，容易引起關注。主力在沒有完成吸籌任務之前，並不希望投資人看好這檔股票。所以總是少量的一點一點吃進，儘量避開關注。

當然，偶爾會出現脈衝放量的情況，就是隔一段時間，出現一兩根小幅放量的中陽線。但事後股價不漲反跌，大大出乎人們的意料，過幾天自然又將它忘記了。

4. 震盪幅度相對較窄

橫盤並非一成不變，紋絲不動。一般來說，橫盤總是發生在一個較小的箱體中，這個箱體上下幅度不大，一般在 20% 以內。但上下的差價，也是很長時間才能見到，短期內根本無利可圖，不會吸引短線跟風盤。在大部分的時間裡，上下不過 10%，誰也沒興趣去做。

主力連續吸籌一段時間後，股價上升了一點，為了降低成本，一般會在三五天時間內，把股價打回原處，然後重新再來。不過，有的主力很狡猾，做出的箱體十分不規則，震盪的週期來回變，振幅也不固定，有的時候根本觸不到箱體的上下沿。這時只要掌握「總的箱體未被破壞」就可，中間有許多的細節不去管也罷，免得受捉弄。

如圖 2-20 格爾軟件（603232）的 K 線圖所示，該股完成新股拉升潮後，股價逐波向下回落，在底部呈現橫向震盪，調整時間長達 4 個多月。在這段時間裡，估計盤中不少散戶逃之夭夭了，主力卻一一將低價籌碼收於囊中。2019 年 2 月 1 日，股價連續收出小陽線，成交量溫和放大，漸漸擺脫了盤整區的制約，終於向上突破橫盤整理，開啟一輪主升段行情。

在這檔股票裡，主力就是利用漫長的橫盤整理，拖垮散戶的持股耐性，

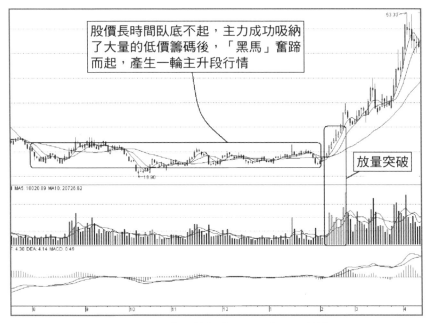

股價長時間臥底不起，主力成功吸納了大量的低價籌碼後，「黑馬」奮蹄而起，產生一輪主升段行情

放量突破

▲ 圖 2-20　格爾軟件（603232）日 K 線圖

最終實現建倉、拉升目的。這種盤面往往出現橫有多長、豎有多高的行情，投資人應密切關注，一旦有效突破，就應及時跟進做多。

如圖 2-21 民和股份（002234）的 K 線圖所示，股價見底後出現小幅上漲，然後構成小箱體運行，維持時間長達 9 個多月，主力在此慢慢建倉，成交量明顯萎縮，這是一段折磨散戶持股耐心的考驗期。當主力成功吸納了大量的廉價籌碼後，2019 年 2 月 15 日，股價放量上漲，突破了小箱體的上沿壓力，從而形成主升段行情，股價短期漲幅超過 180%。

在實戰操作中，投資人遇到這類個股時，在股價突破小箱體的上沿壓力時，應積極介入做多。

橫盤可細分為低位橫盤、中繼橫盤和高位橫盤三種。一檔股票在一輪行情中，可能出現其中之一種形態，也可能出現其中之二或三種形態。但高位橫盤會引起注意，謹防主力利用平台整理出貨。

如圖 2-22 星網銳捷（002396）的 K 線圖所示，該股成功探明底部後，股價緩緩向上推高，當股價回升到前期成交密集區域附近時，受到了低位獲

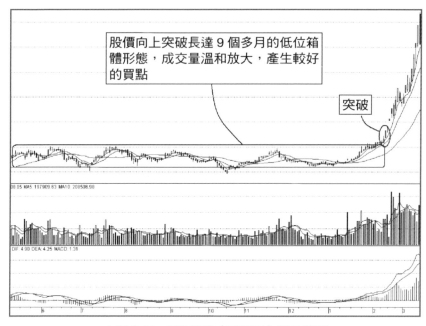

股價向上突破長達 9 個多月的低位箱
體形態，成交量溫和放大，產生較好
的買點

突破

▲ 圖 2-21　民和股份（002234）日 K 線圖

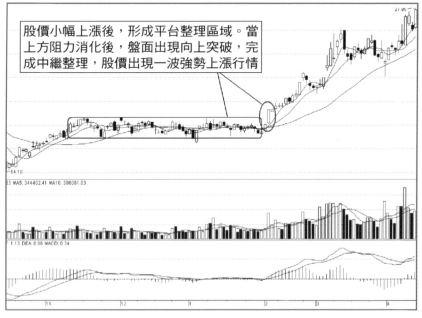

股價小幅上漲後，形成平台整理區域。當
上方阻力消化後，盤面出現向上突破，完
成中繼整理，股價出現一波強勢上漲行情

▲ 圖 2-22　星網銳捷（002396）日 K 線圖

利盤和前期套牢盤的雙重賣壓，盤面出現橫向震盪走勢，持續時間 2 個多月。當上方阻力成功消化後，2019 年 2 月 11 日，股價放量向上突破平台整理區域，形成中繼平台整理，之後出現強勢上漲行情。

❖ 股性適中的溫和形態

此種形態與邊拉升、邊洗盤的方式相似，股價在拉升過程中伴隨小幅回檔，將短炒者及信心不堅定的浮籌震出。在日 K 線圖上，以小陰小陽或十字星的 K 線形式出現，股價上漲不急、下跌不兇，股性十分溫和，找不到明顯的拉升和洗盤動作。

在走勢形態上，股價每次回落的低點一個比一個高，每次拉升的高點也一個比一個高，股價的重心不斷地往上移。這種走勢的個股，其主力實力都比較強大，控籌程度比較高，時機上多數出現在大勢向好的環境之中。這種盤面有以下幾個特點。

(1) 由於這種走勢的個股，股性比較溫和，一般盤中不會堆積大量的獲利籌碼，同時也能堅定盤中的持股者信心，所以容易消化前面的壓力，非常適合於突破走勢，一旦突破就會形成主升段走勢。

(2) 溫和形態的最大缺點，就是主升段出現時不那麼強烈，很難確定哪一天是主升段的起漲點，有時經常被投資人忽略而失去入場的最佳時機。因此，必須掌握大突破大漲，小突破小漲的思路，投資心態便會豁然開朗。

(3) 這類個股大多以進二退一、大陽小陰的方式向上推進，盤面沒有大起大落，很少出現一字形或 T 字形漲停 K 線，不知不覺中股價已經高高在上。

(4) 需要注意的是，股性非常活躍、震幅較大的個股不適合於突破，因為這類股票上竄下跳，容易造成突破失敗形態。

如圖 2-23 維力醫療（603309）的 K 線圖所示，該股在 2019 年 2 月中旬見底後穩步走高，主力不急不躁，盤面一張一弛，股性非常溫和，不斷地把獲利盤清理出場，如此鎖定長線籌碼，為主力日後大幅拉升股價減輕壓力，因此容易出現持續攀升走勢。

在此類的股票中，投資人可以在某一條均線附近選擇介入時機，在分析時應注意兩點：一是關注 30 日均線的趨勢，只要 30 日均線沒什麼大礙的話，

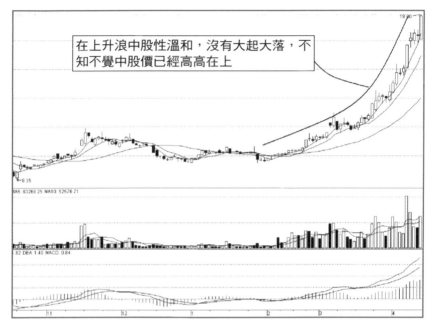

在上升浪中股性溫和，沒有大起大落，不知不覺中股價已經高高在上

▲ 圖 2-23　維力醫療（603309）日 K 線圖

可以積極跟進；二是關注成交量，只要不是天量，就可以放心跟進和持有，此時可以暫時忽視縮量上漲，因為主力已達到控盤程度，一般不會有很大的成交量出現。

　　這類個股的頂部也會產生兩種現象：一種是加速上漲見頂，盤面悄悄地上漲，轟轟烈烈地離去；另一種是在溫和中離去，怎麼上漲就怎麼離場，一切變化都是悄無聲息的。

　　如圖 2-24 世紀天鴻（300654）的 K 線圖所示，該股見頂後逐波滑落，2018 年 12 月止穩後，股價穩步向上爬高。在爬高過程中，股性溫和，量價合理，沒有出現大起大落走勢，邊拉升、邊洗盤，股價重心不斷上移，不知不覺股價漲幅已經超過一倍。在主升段末期，股價出現大張旗鼓的加速上漲，2019 年 3 月 21 日快速衝高回落，主力轟轟烈烈地離去，股價快速見頂。

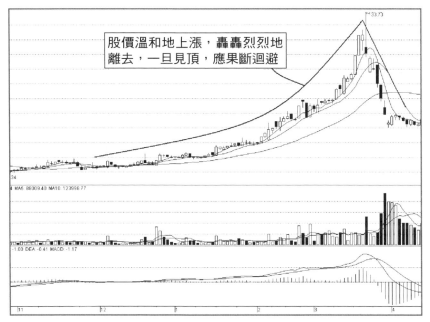

股價溫和地上漲，轟轟烈烈地離去，一旦見頂，應果斷迴避

▲ 圖 2-24　世紀天鴻（300654）日 K 線圖

❖ 創出新高的突破形態

　　股價創新高意味著由量變轉化為質變。在股價中，很多時候看起來股價已經很高或者風險過大的股票，往往還有更大的上漲空間，在實盤中大部分投資人不敢買入創新高的股票，擔心股價太高會調整。

　　相反地，看起來股價較低或風險不大的股票，甚至還有繼續下降的風險，在實盤中不少投資人卻鍾情這類創新低的弱勢股票，盼望股價止跌上漲。這種反大眾現象，真的把人弄糊塗了。那麼，為什麼創新高的股票還會上漲呢？散戶不敢買的時候，為什麼股價反而漲得越猛呢？

　　道理很簡單，股價創出新高代表此時所有持股的投資人都獲得利潤，主力敢於將股價創出新高，接走高價籌碼，「解放」全部套牢者，背後肯定有更大的操盤意圖，後市將會出現更大的上漲行情。同時也說明多數人看好企業的發展前景，或者都希望股價繼續上漲，所以大家都不願意賣出股票，股價上漲形成良性循環。

在實盤中注意到，股價創出歷史或近期（3 個月以上）新高的時候，就是利潤最大、風險最小的階段，新高和企業的主升段同步來臨了。當找到業績增長的爆發點和股價大漲的啟動點時，也就抓住了財富的爆發機會。所以，面對股價突破的時候，最好選擇前期走勢溫和，而突破時走勢犀利的個股，優選突破概率較高的個股，尋找那些能夠掙大錢的主升段個股。

如圖 2-25 東信和平（002017）的 K 線圖所示，該股完成第一波拉升行情後，進入洗盤整理走勢，股價大幅回落到 30 日均線之下，這時不少追高者不幸被套牢在高位。很快地，股價止穩後強勢拉起，2019 年 2 月 18 日，股價放量漲停，次日再次收漲 7.62%，股價刷新前一波新高，「解放」了前一波的所有套牢者。此時，大家不妨試想一下，主力這樣做一定不是做慈善事業的，那麼主力必定另有企圖。之後的走勢反映了主力的真實意圖，連拉 7 個漲停。

如圖 2-26 南洋股份（002212）的 K 線圖所示，該股長時間在底部形成震盪走勢，多個反彈高點壓制股價上漲，阻力久攻不破，期間主力也吸納了

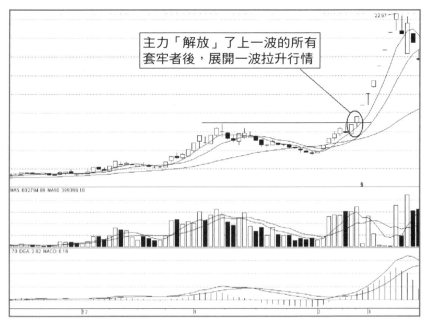

▲ 圖 2-25　東信和平（002017）日 K 線圖

大量的低價籌碼。經過一段時間縮量整理後，股價出現放量漲停，創出了兩年多的新高，讓所有的投資人獲利，可謂「輕舟已過萬重山」，從而有效打開上漲空間。

　　隨後股價出現連續多個漲停。像這樣的個股突破就是一個極好的獲利機會，一旦發現要敢於追漲，在實盤中有很多類似的例子，投資人不妨多加驗證，機會就在身邊。

　　從圖中可以看出，前期股性溫和，股價創新高不會有太大懸念，此類股票中主力志在高遠，並不計較一兩個價位，因此對於創出新高個股應格外關注。在實盤中要注意兩點：一是股價處於底部區域，或者是漲幅不大；二是前期經過長時間的震盪整理，調整非常充分。這樣的個股一旦創出新高，其上漲空間無法估量。

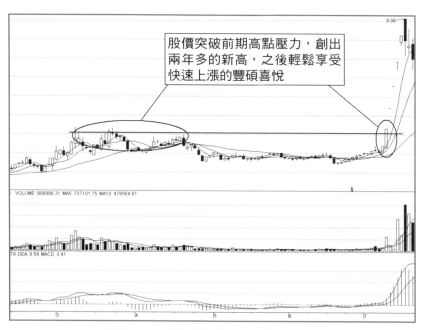

▲ 圖 2-26　南洋股份（002212）日 K 線圖

❖ 整理平台的蓄勢形態

根據筆者多年經驗，會漲的股票不會跌，會跌的股票不會漲。主力在底部收集到一定數量的籌碼後，股價向上盤升一段距離，主力此時展開整理走勢，股價停止上漲腳步，但又不敢把股價壓下來而丟失籌碼，從而形成平台走勢，使散戶誤以為反彈結束而退出，而新的多頭開始入場，從而形成一個相對平衡的運行格局，即一個上漲中繼整理形態。

通常一個中繼整理平台需要 1~3 個月時間，成交量也會出現萎縮現象，一旦放量向上突破中繼橫盤時，意味著主升段形成，其上漲力量和幅度相當驚人。

如圖 2-27 寶碩股份（600155）的 K 線圖所示，股價在長時間的底部震盪過程中，形成了一個大雙重底形態，然後股價漸漸向上盤升。不久，股價連續出現的 4 根中陽線，一舉突破了底部形態中的多個明顯高點。這時主力並不急於拉升，而是進行蓄勢整理走勢。經過短暫的整理後，股價出現放量

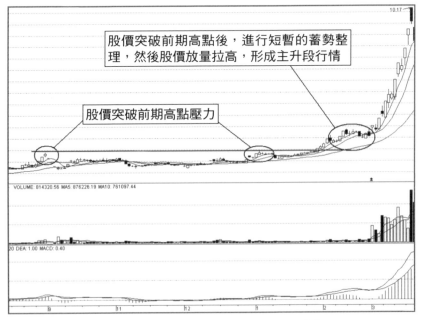

▲ 圖 2-27　寶碩股份（600155）日 K 線圖

漲停，一波主升段行情奔騰而上，短短幾個交易日股價漲幅超過一倍。

　　如圖 2-28 天神娛樂（002354）的 K 線圖所示，該股成功構築底部後，股價漸漸向上爬高，不久股價向上突破底部盤整區域，然後股價出現強勢整理走勢，形成上漲中繼平台整理走勢。經過一個月左右的整理後，在利多消息的配合下，股價再次向上突破，連續出現 13 個漲停板。

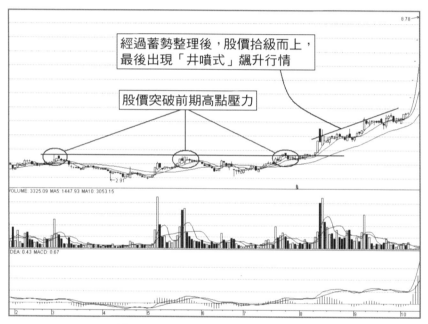

▲ 圖 2-28　天神娛樂（002354）日 K 線圖

❖ 向上抬高的加速形態

　　股價上漲過程如同「飛行理論」，也是進入跑道、開始滑行、離開地面、加速爬高、高空飛行等幾個過程。主力完成建倉後，股價慢慢脫離底部，然後底部緩緩抬高，上漲步伐漸漸加快，最後出現加速上漲的主升段行情。在整個上漲過程中，呈圓弧形上漲態勢，速度越來越快，角度越來越陡峭，最後形成突破，完成快速衝刺走勢，此時成交量也明顯放大。「加速衝刺」是

上漲過程中最兇猛、最瘋狂的階段，也是最引人注目的過程。因此，投資人若能抓住這樣的個股，當屬炒股中最快樂的事。

如圖 2-29 中國應急（300527）的 K 線圖所示，主力在長時間的底部震盪過程中，成功吸納了大量的低價籌碼，然後股價漸漸脫離底部區域，緩緩向上推升。2019 年 3 月 25 日，股價出現放量突破，形成加速上漲走勢，股價從此翻了一倍。

從走勢圖中可以看出，一開始股價上漲速度並不快，主力這樣的目的就是透過邊拉升、邊洗盤的緩慢推升，構築扎實的上漲基礎。當股價突破後，上漲速度越來越快，角度也越來越陡峭，股價明顯進入主升段行情，所以突破就是買點。經過一陣瘋狂拉高之後，股價將結束波段性上漲行情，這時投資人不要被上漲的大陽線所迷惑，此時股價累計漲幅已經較大，市場風險開始聚集，應謹慎看待。

如圖 2-30 龍韻股份（603729）的 K 線圖所示，該股回落到前低附近時，主力故意向下打壓跌破前低，造成技術破位假象，從而騙取了散戶恐慌停損

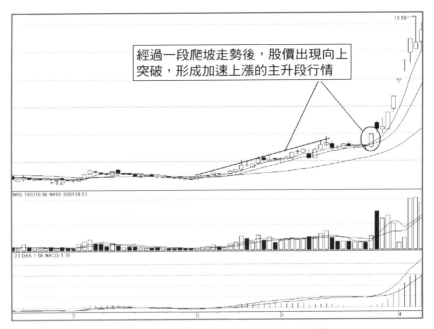

經過一段爬坡走勢後，股價出現向上突破，形成加速上漲的主升段行情

▲ 圖 2-29　中國應急（300527）日 K 線圖

籌碼，然後股價止穩回升，成交量溫和放大，重心不斷上移。2019 年 3 月 6
日，當股價漸漸回升到前高阻力位附近時，主力臨門一腳，放量突破前高阻
力位，從此股價出現連續漲停。投資人遇到這種盤面走勢時，應果斷介入做
多，享受主升段的豐厚獲利。

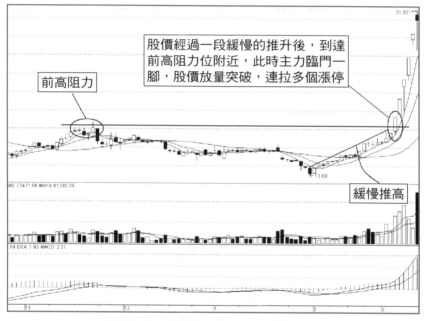

▲ 圖 2-30　龍韻股份（603729）日 K 線圖

在實盤中這種形態的個股很多，認真分析歸納後，抓住主升段並不難。
遇到這類個股時，應在突破後的第一時間入場，介入後可以根據以下幾個面
向掌握住市場頂部的出現。

(1) **從上漲角度掌握**：一般上漲角度在 45 度左右比較理想，加速到 45
度 ~70 度之間屬於快速上漲階段，加速到 70 度以上則屬於最後的瘋狂飆升
階段，股價很快面臨回檔，這時應注意市場迴避風險，一旦有風吹草動就應
退出觀望。

(2) **從上漲幅度掌握**：一般而言，累計上漲幅度超過一兩倍的要謹慎操

作，漲幅十分巨大的，最好保持觀望，耐心地當一位旁觀者。

(3) 從市場熱度掌握：當市場出現一片沸騰、一致看好時，反映市場投機過熱，這時投資人容易失去理智，市場很快就會形成階段性頂部，因此需要投資人冷靜思考，避免匆促入市。

(4) 果斷退場：高位出現不利訊號時，不要花精力對訊號的真假進行分析，快速退出觀望是首選方法。

❖ 逐級而上的波段形態

主力將股價拉高一定幅度後，採取平台或強勢橫盤整理一段時間，在此趕出一部分搖擺不定的散戶後，再將股價拉高一截，之後又橫盤整理一段時間，如此反覆進行，不斷把股價拉升至目標價位，在 K 線組合形成逐級向上的台階式或波段式上漲。

這種方式在拉升過程中，成交量會逐步溫和放大，當股價停頓整理時，成交量會有明顯的縮小。在股價拉升階段，會伴隨著成交量的放大，同時 K 線圖上也時不時地出現中陽線或大陽線，並且每次拉升的高點都高於前一次拉升的高點，而每次回落形成的低點，都高於前一次回落時產生的低點。這表示股價的重心整體上是不斷向上移動的，每次拉高時的上升角度，一般都會維持 30 度角以上的坡度。

如圖 2-31 新五豐（600975）的 K 線圖所示，該股在 2019 年 2 月 11 日向上突破底部區域後，主力採用台階式拉升手法。股價向上拉高一波後，形成平台震盪整理，然後再將股價推高一個台階，形成平台震盪整理，股價拾級而上，累計漲幅較大。投資人遇到這類個股時，可在股價突破平台整理區域時，積極跟進做多，出現三級以上台階時應謹慎做多。

如圖 2-32 天邦股份（002124）的 K 線圖所示，該股在 2018 年 9 月見底回升過程中，呈現波段式上升走勢，股價每拉升一小段行情後，就回落進行整理，然後繼續向上拉抬。在浪形上大浪套小浪，浪中有浪。主力操盤手法乾淨俐落，K 線走勢脈絡清晰，股價張馳有序，走勢如詩如畫，盤面氣勢有加，形態堅挺有力，行情延續時間較長，股價累計漲幅巨大。在實戰操作中，遇到這種形態應掌握以下幾點。

(1) 散戶手中已經持有該股票時，若不是短線技術高手，可以一路持股

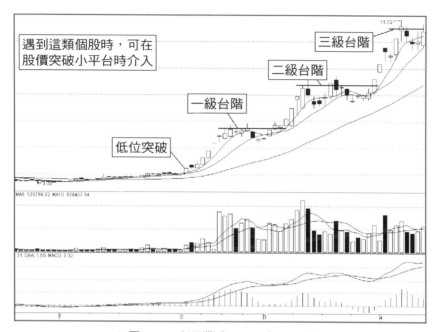

遇到這類個股時，可在
股價突破小平台時介入

三級台階

二級台階

一級台階

低位突破

▲ 圖 2-31　新五豐（600975）日 K 線圖

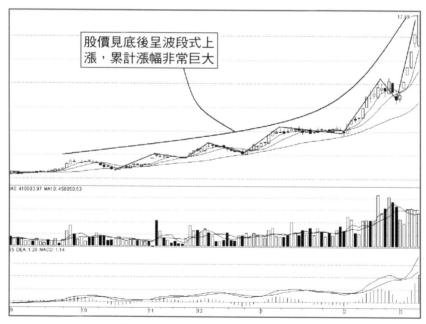

股價見底後呈波段式上
漲，累計漲幅非常巨大

▲ 圖 2-32　天邦股份（002124）日 K 線圖

到底，在第三個整理平台區域，當股價放量衝高回落或放量收陰線時，可以考慮賣出。如果其判斷能力比較強，技術功底比較扎實，那麼在這個過程中，可以進行短線操作，賺取其中的差價。

(2) 散戶持幣關注此類股票，並尋找機會進場時，操作上只要掌握回落時出現的止跌訊號，一般在 30 日均線附近，就可以逢低進場了；在放量向上突破平台區域時，就果斷進場操作。

(3) 據觀察經驗，前面 3 級平台的規律性較強，準確率較高，4 級以後的平台準確率較低，可能會出現變盤，應謹慎操作。通常，一個台階的漲升高度在 30% 左右，一個平台的整理時間在 20 日左右。但不同風格的主力，不同類型的個股，其拉高的幅度和橫盤整理的時間都不相同。

(4) 最好的買入時機是在股價接近 30 日均線時，或者 5 日、10 日、30 日均線漸漸黏合時。無論何種情況買入，30 日均線必須保持上行狀態，若 30 日均線平行，則可靠性大大降低；若 30 日均線下行，則堅決放棄買入舉動。波段漲幅不要有過高的期望，一般一個台階漲幅在 15%~30%，可以參照前一個台階的高度。

2-3

篩選：用 5 大面向，抓出即將上漲的飆股

❖ 根據基本特徵尋找主升段

　　一般而言，一檔股票的運作大致可以分為建倉、洗盤、拉升及出貨等幾個階段。對於散戶投資人而言，如果想既賺快錢又賺大錢，那麼只有去尋找那些進入或即將進入主升段階段的牛股，才能實現這個目標。**選股的原則有兩個：選擇企業而不是選擇股票，選擇價值而不是選擇價格。**

　　根據筆者的實戰經驗，近幾年市場上漲幅居前的牛股，大多具有如下特徵。

1. 技術面特徵

　　看盤週期為月線，這是大贏家的目光所在，月線定乾坤。在技術指標方面，必須滿足下列要求。

　　(1) AMOUNT 成交金額指標（或參考 VOL 均量線，兩者基本一致），3線必須 2 次多頭排列，這是主力做盤進入月線大 3 浪攻擊的量能質變點。量為價先，這是首要、也是本質性指標，只有成交金額達標的個股，才有攻擊性。

　　成交金額指標應用法則為：①成交金額大，代表交投活躍，可界定為熱門股。②底部起漲點出現大成交金額，代表攻擊量。③頭部區域出現大成交金額，代表出貨量。④觀察成交金額的變化，比觀察成交張數更具意義，因為成交張數並未反應股價漲跌之後應呈現的實際金額。

　　(2) MACD 指標在 0 軸上方出現「龍抬頭」，形成「蜻蜓點水」式形態，

清楚地發出訊號，月線大 3 浪攻擊令。

(3) 滿足上述兩個條件時，股價突破其歷史或近期高點，即出現突破性上漲的個股，可以大膽參與，一般持股一個月以上，會有 50%~100% 的高回報。

可以將上述三個條件概括為一句話，即只參與基於 AMO 指標和 MACD 指標都達標，且股價上行無阻力的多頭結構的個股 。

(4) 週線 MACD 指標在 0 軸上方剛剛發生黃金交叉，或即將發生黃金交叉。根據 MACD 指標的運用原理可以得知，MACD 指標在 0 軸上方的黃金交叉，意味著該股前面曾出現過一輪上漲，且後來出現過調整。當 MACD 指標再次出現黃金交叉時，則表示前面的調整已經結束，而且這個調整只是回檔而已，後面股價將進入新一輪快速漲升階段。

(5) 總體漲幅不大，股價已基本擺脫下降通道的壓制，步入上升通道。股價漲幅不大可以確保後市仍有上升空間，投資人不會在頭部區域介入。要求股價擺脫下降趨勢，進入上升通道，主要是因為近幾年市場處於熊市之中，大多數股票價格處於持續下滑狀態，如果一檔股票能夠擺脫下滑趨勢並步入上升通道，則往往意味著這家公司的基本面可能已出現好轉，並有主力介入其中，此時散戶如果擇機跟風買入，風險並不大。

2. 基本面特徵

公司業績良好或發展前景較好。目前的市場機構博弈日趨激烈，有時單純的技術分析並不足以成為投資人入市的依據，因此選擇一家基本面良好的公司是很重要的。

(1) 長期以來，高速增長行業的優質上市公司是選擇的重點，優秀的管理層、穩定的企業發展機制，都使優秀的企業可以分享資本市場上漲的利益。一個看似非常簡單的選擇，從根本上決定了投資結果。績優股和績差股的選擇是首要的思考點，可能很多朋友在多年的投資生涯之後，還徘徊在選股的過程中。

談談大家都喜歡低價的消息類績差股。對於證券市場分析的一個根本，就是市場永遠是對的。價格圍繞價值波動，過分的低價是沒有機構投資人挖掘的特徵。但是低價股卻有一個天生的優勢，短期上漲的速度快、比例高，使短期利潤出現快速增長。

　　(2) 在當前股市中，題材股、低價股、重組股的爆炒，讓大家感覺到這才是最大的機會。但是這種機會來得快、去得也快，對於投資人的操作能力可以說是極大的挑戰，在巨大的利潤面前，貪婪是每個人都難以戰勝的。同樣需要強調的是，投資優秀企業可以帶來長期穩定的收益。通俗地講，投資優秀的企業，才可以取得長期穩定的收益。

　　(3) 行業的增長成為塑造大牛股的基礎，行業中的優質企業成為市場漲幅的「國家隊」。企業有自己的生命週期，透過對於市場暴漲個股的歸納，可以認為成長期和成熟期的企業是相對漲幅最大的個股。所以建議投資人多多關注並投資於突出成長、高速穩定成長和高速週期成長階段的公司，分享這類企業發展所帶來的資本增值。

　　(4) 前十大流通股東中，有一定數量的基金或其他機構投資人存在。流通股東中有一定數量的基金或機構投資人，可以表示該公司基本面相對較好。在目前的市場狀況下，機構投資人不會輕易涉足那些基本面不佳的公司，且以基金為代表的機構投資人在購買股票時，其投資行為往往會表現出長時間的一貫性，即看好一家公司的股票後會持續購買並持有，不會像以往市場上那些所謂的敢死隊一樣快進快出，這一點可以確保散戶投資人有足夠的時間進行跟風投機。

3. 市場面特徵

　　在市場總體表現不穩或市場總體呈上升趨勢時介入。在實盤中，符合上述條件的股票，也難以擺脫整體市場對其的制約。因此，一旦發現符合前面這幾個條件的股票時，千萬不要忙於介入，因為此時還需要對市場進行判斷。

❖ 根據資金特點尋找主升段

　　從資金方面進行選股時，在主升段中要選擇有大資金關照和介入的個股，具體要注意以下要點。

1. 選擇實力強大的資金

　　主升段中值得投資人跟風參與的，是較有規模和實力的主流資金介入的

股票，這類資金由於規模龐大，其建倉速度較慢，顯得從容不迫和有條不紊，股票漲升時會採用穩紮穩打，不斷滾動推高的手法操作，而且這類資金出貨時，大多會採用高位橫盤震盪出貨方式。從時間節奏分析，跟隨這類資金操作具有良好的可操作性，值得投資人重點關注和參與。

2. 選擇運作模式穩健的資金

主流資金的運作模式很多樣，運作週期有長有短，時間長的能延續數年，時間短的只需要數週。至於運作模式，有的以控盤拉升為目的；有的以波段式操作為盈利手段；有的以內幕消息為短炒依據，一旦上市公司利多公佈，則趁機出貨。主升段中最適合投資人參與的，是以控盤拉升為主要運作模式的主流資金介入的股票。

3. 選擇運作水準高的資金

主流資金運作水準太低時，必將會影響到投資人的盈利狀況，有時甚至會使跟風的投資人蒙受重大損失。在最近幾年的弱市調整中，湧現出很多運作水準極低的主流資金。有的主流資金本身運作方面的原因，一直入駐個股中沒有退出，但是又無力對股價護盤，加之時間成本因素的限制，這類資金往往急於出逃，從而造成嚴重虧損。因此，對於這類主流資金，投資人不能輕易跟風。

4. 選擇有敏銳感覺的資金

真正的市場主流資金由於種種原因，對政策的掌握、上市公司的分析，以及市場實際操作等方面都很敏銳。表現在盤面中最顯著的特點，就是能夠在大盤尚未擺脫跌勢時，真正的主流資金所介入的個股就能夠先於大盤止穩、先於大盤放量、先於大盤啟動。而具有這類特點的個股，恰恰說明已經介入其中的主流資金，具有某些與眾不同的優勢。因而，這類個股後市往往能漲幅居前，甚至能成為行情的領頭羊。

❖ 根據財務狀況尋找主升段

　　什麼樣的公司可以成為未來市場瘋狂拉升的上市公司呢？歷史會重演是證券市場的一個基本原理。在分析基本面的因素之後，就是如何去尋找財務方面的優質上市公司了。財務分析是一門專門的學科，一般投資人無法做到全面深入的分析，因此只要抓住其中一些主要指標就可以了，在此列舉幾個比較簡單、適合做基本面突破的指標。

1. 每股收益（每股盈餘）

　　每股收益是指稅後利潤與股本總數的比率，因此又稱為稅後利潤、每股盈餘。它是測定股票投資價值的重要指標之一，是分析每股價值的一個基礎性指標，是綜合反映公司獲利能力的重要指標，它是公司某一時期淨收益與股份數的比率。

　　該比率反映了每股創造的稅後利潤，比率越高，表示所創造的利潤越多，每股收益＝利潤／股數。此選股基本條件，是市場一般投資人最容易看，也是相對綜合性的一個指標。其增長性也是最值得關注的，可以看出企業的發展情況。

2. 主營毛利率

　　(1) 主營收入：指企業主營業務形成的收入，它是企業收入的主要來源，用來核算企業銷售商品和提供勞務等發生的收入。

　　(2) 主營成本：指企業主營業務所發生的成本，它用來核算企業銷售商品、自製半成品以及提供勞務等發生的成本。

　　(3) 主營毛利率：指公司主營業務的毛利率。主營毛利率＝主營收入／主營成本。主營收入規模是企業抗擊市場風險的基礎。公司主營收入規模若太小，往往受市場波動影響較大。

　　主營業務毛利率是公司盈利的基礎，公司提高利潤一般有兩個途徑：一是擴大產品的銷售規模，二是提高產品的毛利率。就是上市公司經常提到的「做大做強」，但是兩者之間經常有矛盾。

3. 淨利潤率

淨利潤率即「本年淨利潤減去上一年淨利潤之差，再除以上期淨利潤的比值」，淨利潤是公司經營業績的最終結果。淨利潤的增長是公司成長性的基本特徵，淨利潤增幅較大，表示公司經營業績突出，市場競爭能力強。

反之，淨利潤增幅小，甚至出現負增長，也就談不上具有成長性淨利潤年增長率，因為大家尋找的是成長性最好的個股。因此操作的預期週期應該以一年以上的時間為宜，如此就能排除掉一些週期性行業的季度淨利潤變化幅度較大的問題。

地產、百貨等行業都是季度性行業，它在銷售淡季或者財務回收淡季，季度淨利潤都極低，淨利潤增長率比可能都是負數。因此，用淨利潤年增長率來進行縱向或者行業橫向比較，才有意義。

對此抓到行業的起漲點，有利於抓到大牛股，使用淨利潤季增長率一般會在兩種情況下比較合適，一是公司剛上市，可能沒有連續 3 年的財務報表可供參考，用淨利潤季增長率判斷公司是否具有高成長性；二是上市公司轉虧為盈時，還沒有出現連續 3 年的淨利潤正增長時，使用淨利潤季增長的同比，來判斷該公司是否將具備高成長性特徵。

最後，如果淨利潤增長慢於主營業務收入，則公司的淨利潤率會下降，表示公司獲利能力在下降。相反，如果淨利潤增長快於主營業務收入，則淨利潤率會提升，表示公司獲利能力在增強。所以，選擇優秀的企業是操作大牛股的一個前提條件。

❖ 根據主力特點尋找主升段

主力的資金供給和需求，是決定個股走勢的一個關鍵因素，其中一個重要的原則，就是不要參與建倉階段。通常認為市場中存在價值發現的需要，加上證券市場的資訊不對稱，普通投資人要想拿到一手的資訊可能性非常小。

所以建議大家不要盲目地去挖掘價值，應該把這個任務交給機構投資人。在主力充分研究之後，全面完成建倉計畫，再考慮介入這樣的個股，其安全度要高很多。如果能夠有效尋找到股價創出新高的位置，則可以趕上企業發展的主升段。所以主力的認同度非常重要，畢竟主力在市場上資金量較

大，資訊相對靈通，投資模式相對固定，合理地利用主力的投資特點，對實戰操作將會產生很大的幫助。

說到底就是一個研究主力控盤戰略思路及資金流動的資訊平台，透過它可以很簡單地根據大資金的選股思路，鎖定主力青睞、增倉股群（也就幾十支），過濾掉了 90％以上的股票，就處於極為有利的位置，為獲利打下堅實基礎。

目前國內市場的主流投資機構為基金系資金、QFII（合格境外投資人）券商資產組合、保險資金和社保資金等主流資金。當前主力時代的特點依然非常明顯，而且帶有明顯的助漲助跌的特點。在此，把他們的投資特點和投資人操作中需要注意的地方加以說明，使大家對於這方面的模糊投資變得更加清晰化和步驟化。

(1) **基金系**：其優勢為資金量最大，對於市場的影響最大。常年保持70％以上的倉位，投資傾向於流動性相對較大的大型成長股。船大難掉頭，重點持倉的個股，一般會達到兩年以上。監管的嚴格，每季度需要公佈自己的持倉報告，有利於我們追蹤其總體的投資思路和操作的股票。

而不足之處在於，以收取管理費為主要獲利手段。且公司數量過多，受到排名的壓力過大。加上操作功利化相對比較嚴重，基金經理更換頻率較高，很難完全追蹤，需要選擇優秀的基金公司和基金經理。

(2) **QFII 系**：其優勢為來自於成熟的資本市場，擅長國際化和中長期的投資，對於優秀企業的投資能力較強。

不足之處為資金有限，只能改變投資思路、不能徹底影響市場。沒有定期報表，追蹤研究難度較大，只能透過上市公司的報表。

(3) **保險資金**：其優勢為資金數量逐步增加，將會成為市場未來的一個核心力量，投資選擇低風險的產品，相對的投資穩定性較高。

不足之處為，目前不是市場的主流，也沒有定期的投資披露制度，相對地透明化不足。其他的社保基金是委託基金公司代為管理的，券商的理財和基金的投資思路趨同。所以目前對於主力的研究，相對集中於基金，尤其是開放式基金的研究上。

那麼，如何追蹤主流機構的戰略方向？

第一，尋找基金的核心部隊在哪裡，關注每個季度基金倉位最集中的個股是哪些，尤其前 10 名中有沒有出現較大的變化，是我們關注的重點。

第二，尋找每個季度的增倉重點和機構新的增倉方向。通常，每個季度大幅增加的新股，大多是未來較好的操作股票，也是我們關注的熱點。

❖ 主升段行情中的追漲技巧

在主升段產生時，往往容易在糾結或懷疑中慢慢地成為踏空者。踏空就是失去暴利機會，短期甚至更長時間裡難以再現主升段。因此，做為股票投資人，主升段是絕對不可以錯過的，在股市中避免踏空的兩種投資方式就是：一種是在主升段即將啟動時低位買入；另一種方式就是主升段啟動後追漲買入。追漲操作必須要制定周密的投資計畫，並且採用適宜的投資技巧。這裡介紹幾種追擊主升段的技巧。

(1) 在低位溫和放量之後出現了一根帶量長陽（或漲停），同時成交量放大，就可以馬上追漲，這是一種成功概率較高的追漲形態。

(2) 第一個交易日漲停板，第二個交易日先上後下，收長上影十字線（陰陽均可），成交量放大，往往在下一個交易日會用長陽吃掉第二個交易日上影十字線，可在第二個交易日形態確立後追漲買進（多數尾盤操作）。

(3) 平台整理的末端，股價先無量向下跌，之後放量中陽穿越均線，穿越之後碎步運行，當再次中長陽加速拉升時，就可以立即介入。這種情況可視該股的流通盤大小，選擇合適的倉位追擊。

(4) 個股經過一輪上漲之後，K 線形成一個圓弧形（圓弧震幅 10% 左右），股價再次回到前期起漲點，此時如果奔漲停向上突破，可立即追擊。

(5) 追漲的選股種類：投資人在主升段行情中選股需要轉變思維，不能再完全拘泥於業績、成長性、本益比等進行投資了，而是要結合上漲的趨勢來選股。具體來說，就是要選擇更有獲利機會的個股。

另外，投資人也不能看到個股放量漲升了就立即追漲，有時候即使個股成交量突然劇烈增長，但如果資金只是屬於短線流動性強的投機資金的話，那麼，行情往往並不能持久。因此，投資人必須對增量資金進行綜合分析，只有在個股的增量資金屬於實力雄厚的主流資金時，才可以追漲操作。

(6) 追漲的資金管理：即使看好後市行情，投資人也不宜採用滿倉追漲的方法。穩健的方法是：投資人可以用半倉追漲，另外半倉根據行情的波動規律，適當地高賣低買做差價。在控制倉位的同時，可以滾動操作的方式獲

取最大化的利潤。

(7) 追漲的盈利目標：追漲的過程中需要依據市場行情的變化設定盈利目標，設置目標時要考慮到市場的具體環境特徵，從市場的實際出發。研判行情的上漲攻擊力，並最終確定盈利目標。到達盈利目標位時，要堅決停利，這是克服貪心和控制過度追漲的重要手段。

(8) 追漲的風險控制：由於追漲操作相對風險較大，所以對風險的控制尤為重要，一旦大勢出現反覆或個股出現滯漲，要保證能立即全身而退。

2-4

陷阱：學會看穿「假突破」和「無效突破」

　　股價向上突破是經常遇到的事情，但有的突破能夠持續上揚，屬有效突破；有的突破卻半途而廢，衝到前期阻力位附近時掉頭向下，將投資人套牢在高位，屬無效突破。那麼什麼樣的突破屬有效突破，什麼樣的突破屬無效突破呢？對投資人而言，怎樣才能識別出假突破呢？這裡根據長期的實戰經驗，歸納出真假突破的一些特點。

1. 突破時所處的位置或階段

　　如果處於底部吸貨區域、中途整理區域、主力成本區域附近的，若向上突破，其真突破的概率較大，若向下突破，其假突破的概率較大。如果處於高位出貨區域、遠離主力成本區域的，若向上突破其假突破的概率較大，若向下突破其真突破的概率較大。

2. 經過整理後的突破才有效

　　有效突破一般都建立在充分蓄勢整理的基礎上，充分蓄勢整理的形式有兩類：一類是我們常見的各類形態整理，如三角形整理、楔形整理、旗形整理、箱體整理等。

　　另一類是主力吸完貨以後，以拖延較長時間作為洗盤手段，或者因等待題材或拉升時機，長期任憑股價回落下跌，股價走出了比形態整理時間更長、範圍更大的整理。股價一旦突破此種整理盤面，則往往是有效突破。由於這種整理超出了形態整理的範圍，因而有時候是難以察覺和辨別的。

3. 大盤的強弱度和板塊聯動

　　一般而言，當大盤處於調整、反彈或橫向整理的階段時，個股出現放量突破是假突破的可能性較大；而當大盤處於放量上升過程中或盤整後的突破階段時，個股出現放量突破是真突破的可能性較大。而個股突破時板塊聯動同時向上，則可信度較高，這時要選擇量能最大、漲幅最大的個股，這往往就是板塊中的龍頭股。最後還要看政策面和基本面，有無支持該板塊向上的理由。

4. 成交量大小與 K 線形態

　　在股價創出新高時，如果成交量不能持續放出，這是假突破的最大的特點。為什麼要放量呢？因為股價突破前期多個高點，有大量的套牢盤會放出（前期高點越多，越需要大的成交量），再加上有部分獲利盤發現到達前期成交密集區，會先減倉操作。如果放出大量，並收出小上影線或光頭大陽線，表示主力此次上攻不是試探，將賣盤通吃。這樣的資金實力不是主力又會是誰？幾乎可以肯定地說，這就是主升段的啟動訊號。

　　一般來說，前期籌碼無明顯發散的個股，特別是一直在集中的個股，在突破前期高點時，無須放出巨量，但應至少要大於前期頂點時的成交量，且在突破點之後還要持續放量一段時間，由此說明突破有效。但如果突破時成交量比前期高點還小，突破後即縮量，則說明突破無效，為假突破的可能性較大，此時應果斷賣出股票，否則就會套在相對高點。

　　如果前期明顯有籌碼集中跡象的個股，可以在創出低點時少量跟進，與主力共舞。另外，前期有主力的個股，在突破時必須放出巨量，且持續放巨量，證明為有重大題材在後的真突破。

　　個股突破之前放量上漲，拉出中大陽線，而突破時放量跳空，則可信度較高。此大陽線與跳空缺口稱為突破大陽線、向上突破缺口，極具分析價值。股價突破之後，由於要清洗浮籌，減輕上行壓力，往往要整理或收出長上影線 K 線，但量能要逐步萎縮。

　　通常成交量是可以衡量市場氣氛的。例如，在市場大幅度上升的同時，成交量也大幅度增加，這表示市場對股價的移動方向有信心。相反地，雖然市場飆升，但成交量不增反減，則表示跟進的人不多，市場對移動的方向有所懷疑。

趨勢線的突破也是同理，當股價突破阻力線後，成交量如果隨之上升或保持平時的水準，這表示突破之後跟進的人很多，市場對股價運動方向有信心，投資人可以跟進，搏取巨利。然而，如果突破阻力線之後，成交量不升反降，那就應當小心，防止突破之後又回復原位。

事實上，有些突破的假訊號可能是由於一些大戶行為所致。但是，市場投資人並沒有很多人跟隨，假的突破不能改變整個趨勢，如果相信這樣的突破，可能會上當。

5. 主力的出貨量與建倉量

假突破由於主力出貨量往往會很大，而真突破量能通常比較溫和，資金性質是明確地向場內介入，雖然有時也會引發放量突破，但只要資金性質沒有改變，便可以跟進。所以說，區別真假突破的重點為，區別主力是不是在進行出貨，只有做出準確的判斷才能迴避假的突破。

假突破的風險性就在於主力借助巨量進行出貨，因此 K 線形態並不是主要的，主要在於成交量的變化。一般來講，主力的出貨量必然會引發突破的虛假，而只有主力的建倉量才會導致真實的突破。但是，同樣的放量，什麼樣的量是出貨？什麼樣的量是建倉？很多投資人是很難弄清楚的，等到弄清楚了股價要麼已經跌很多了，要麼已經衝上天了。

所以，建議判斷能力不純熟的散戶在分析突破的時候，要儘量避免操作放巨量的股票，除非有能力識別出量能放大的含義。

有很多資金實力雄厚的主力在突破的時候，也不是完全以放量的形式突破，有一些股票的突破都是以縮量或是不放量的狀態完成突破的，這是因為股價雖然創出新高了，但是誰也不肯賣出，這說明持股心態穩定。

由於主力持倉量是巨大的，這表示主力根本不想賣出，主力在當前位置不賣，股價必然還有更高的高點出現，所以對於無量突破的股票，一定要敢於操作。這是因為成交量的萎縮可以限制主力的出貨，當然，股價的波動絕不可能全是縮量突破這麼簡單，放量突破要比縮量突破帶來的收益更大，因為真正的放量突破是資金的建倉區間，主力採用這麼猛烈的手法建倉，股價必然會短線暴漲，所以從獲利的速度來講，放量突破帶來的收益是最高的。

縮量突破可以限制主力的出貨行為，但只有那些高控盤的個股，才可以形成縮量突破走勢。可惜的是，很多個股並不是高控盤股；此外有些高控盤

的個股，也需要在突破點因賣盤增多時進行增倉操作。這樣一來就會有大量的股票在突破時，形成放量突破的走勢。

放量突破走勢對於投資人來講是又愛又恨的，愛的是有些放量突破的個股形成突破後會快速的上漲，恨的是有些放量突破的個股卻成了假突破而引發風險。

6. 股價的突破與均線系統

股價向上突破後，一般會沿著 5 日均線繼續上行，回檔時也會在 5 日均線附近止跌，5 日與 10 日均線呈多頭排列。但是假突破就有所不同，股價突破創新高後，就開始縮量橫盤。讓投資人誤以為是突破後的回測確認，但在回檔時股價卻跌破了 5 日均線，繼而又跌破 10 日均線。當 5 日與 10 日均線形成死亡交叉時，假突破就可以得到確認。

股價出現第二次交叉（黏合）向上發散，以真突破居多。股價大幅上漲之後均線出現第三次、第四次向上突破，以假突破居多。這也就是為什麼技術分析專家對均線初次交叉（黏合）向上發散和均線再次交叉（黏合）向上發散格外關注，但對三次四次就不那麼推崇的緣故。因為沒有只漲不跌的股市，熱點需要轉換，板塊也需要輪動。長線大牛股不是沒有，只是市場不多而已。

7. 突破與突破之後的走勢

股價上漲必須有氣勢，走勢乾脆俐落，不拖泥帶水。突破後並能持續上漲，既然是突破就不應該磨磨蹭蹭，如果放量不漲就有出貨的嫌疑。而且，突破要成功跨越或脫離某一個有意義的位置，比如一個整數點位、一個整理形態、一條趨勢線、一個成交密集區域或某一個時間之窗等，否則判斷意義不大。

8. 股價突破前的時間要求

(1) **低位突破**：股價長期持續下跌，然後在低位橫盤，只要在低位時間足夠（超過 3 個月以上），股價在低位兩次向上突破時以真突破居多。反之，當時間小於 2 個月時，向上突破往往以假突破居多，這也是形態理論的要求。

(2) **高位突破**：個股高位橫盤整理，整理時間越長，向上突破越有效。

9. 股價突破後的側向運動

在研究趨勢線突破時，應當明白一種趨勢的突破後，未必是一個相反方向的新趨勢的立即出現，有時候由於上升或下降太急，市場需要稍作調整，出現上下側向運動。如果上下的幅度很窄，就形成牛皮狀態。側向運動會持續一些時間，幾天或幾週才結束。

側向運動會形成一些複雜的圖形，結束後的方向是一個比較複雜的問題。有時候，投資人對於股價來回窄幅運動，大有迷失方向的感覺。其實，就意味著上升過程有較大的壓力，下跌過程有買盤的支撐，買家和賣家互不相讓，你買上去，他賣下來。

在一個突破阻力線上升的過程中，側向運動是一個打底的過程，其側向度越大，甩掉牛皮狀態上升的力量也越大。而且，上升中的牛皮狀態是一個密集區。同理，在上升過程結束後，股價向下滑落，此時所形成的密集區，往往是今後股價反彈上升的阻力區，就是說沒有足夠的力量，市場難以突破密集區或改變下跌的方向。

10. 發現突破後應多觀察一天

如果突破後連續兩天股價繼續向突破後的方向發展，這樣的突破就是有效的突破，是穩妥的買賣時機。當然兩天後才買賣，股價已經有較大的變化：該買的股價高了、該賣的股價低了。但是，即便如此，由於方向明確，大勢已定，投資人仍會大有作為，比之貿然操作要好得多。

同時，注意突破後兩天的高、低價。如果某一天的收盤價突破下降趨勢線（阻力線）向上發展，而第二天的交易價能跨越其最高價，表示突破阻力線後有大量的買盤跟進。反之，股價在突破上升趨勢線（支撐線）向下運動時，若第二天的交易價是在它的最低價下面運行，那麼表示突破趨勢線後，賣盤壓力很大，應及時做空。

第 3 章

簡單教你 7 大「技術線型」，
讓你勝率接近 100%！

3-1

從「量價」中捕捉主升段

　　如何準確判斷個股主升段行情的來臨與結束，關乎操作是否成功，也會大大影響實際獲利。經由對股票的四個時期追蹤：主升段之前、主升段期間、主升段結束之前以及主升段結束之後，其相關的量價特徵進行分析，可為投資人推算出主升段的來臨與結束。其相應的量價特徵與判斷方法、操作策略，也可在實戰中提供有用的參考。

❖ 主升段與換手率的關係

　　在行情的不同階段，個股換手率反映出的個股成交量的變化，與量價關係理論中的「量在價先、量增價升、量縮價跌」有著驚人的一致。

　　⑴一般情況下，個股主升段開始前 10 個交易日的平均換手率，在 2% 以上的水準，個股如果較長時期保持在 2% 以上的換手，應當視為換手相對活躍狀態。對於如此相對活躍且維持較好的盤面現象，通常是行情來臨前的一個蓄勢過程，盤面呈現溫和持續放大狀態，因為在主升段背後一般都有主力在運作。

　　根據長期的實戰經驗，主力在啟動股價之前，一般都會有一個洗盤或震倉的過程，而且，換手率保持相對活躍、漲跌幅有小幅震盪下行的趨勢，這些盤面特徵與主力的做法相符。

　　隨後，在整個主升段期間猛增到每日換手率 5% 以上，而在主升段結束前 5 個交易日更是進一步上升至每日換手 6% 左右，三個階段平均換手率呈現出的明顯增加，反映出成交量水準的逐步放大過程。

　　而後在主升段結束後 5 個交易日的平均換手率，迅速回落至 5% 以下，不僅低於主升段結束前 5 個交易日的 6%，甚至低於整個主升段期間的 5%。因此從反映成交量多寡的換手率上，就可以清晰地看到個股在主升段期間及其前後的行情走勢變化，而這似乎已經不再需要知道其具體的漲跌情況，這正是量在價先的真實反映。

　　(2) 從主升段開始前 10 個交易日的換手率上看到，在臨近主升段之前個股平均換手，一般都維持在 3% 以下，這個水準也在一定程度上反映出作為主升段行情的前奏，維持 2% 以上的每日非低迷換手也是相當必要的。總的來說，當個股在一定期間內換手率低於 3% 時，行情進入主升段的可能性較小。

　　在進入主升段後，個股換手率明顯上升，這表示個股進入上升週期且平均換手率達到 5% 以上，相比前期有了明顯的放大，走出量增價升的走勢，那麼很有可能已經進入主升段時期。此時在週 K 線中，換手率一般在 25% 以上，說明市場已經進入主升段。

　　(3) 在主升段結束前，換手率平均達到 6% 左右的高點，這意味著在上升行情中，換手率進入比之前明顯增加的過程，那麼往往以為這波主升段行情的結束，這對於投資人判斷賣點相當重要。而即使投資人未能及時發現這個情況，那麼從隨後主升段結束，換手率迅速下降至 5% 以下來看，若個股在主升段行情期間，換手率與股價經過了一波明顯上升後的隨即換手率迅速下降，則意味著前期行情轉折點已現，此時投資人應當堅決離場觀望或是減倉操作。

❖ 主升段與漲跌幅的關係

　　根據多年經驗，主升段啟動前有一個微跌過程，而進入主升段後，日平均漲幅在 3% 以上，在主升段啟動前後漲幅出現了明顯的扭轉。儘管前期出現微跌走勢，但隨後則出現明顯的加速上漲行情，且主升段持續時間一般為 4 至 5 個交易週，此時投資人大可不必在個股走勢尚未明朗之前買入操作，而應該明確在判斷個股已經進入主升段行情以後再買入，這樣既可最大限度規避風險，同時能獲得相當大的主升段漲幅收益。

　　為什麼主升段啟動之前，股價會有小幅下跌呢？這是主力的一個洗盤過

程，因為此時投資人僅從股價變化來看甚至有加速下跌之勢，往往會選擇賣出。但如果明確「量在價先」的原則，從換手率的變化中就可以看到盤面的持續活躍，和股價不尋常的下跌呈量價背離狀態。這是行情將會出現轉折點的標誌，前期的換手微減和股價的震盪下行，將出現反方向的改變，若投資人忍耐一時，則可以成功熬過主力的洗盤，而順利進入主升段獲利期。

一般而言，後期主升段出現的上漲強度，與之前的蓄勢有相當的關係：行情來的越猛，前期蓄勢的強度就要求越大，換手吸籌和洗籌也越劇烈；而後期行情較舒緩，則前期換手就相對溫和。

在進入主升段之後，股價平均漲幅出現了明顯的轉折點，此時暴漲式主升段高達 6% 以上的日平均漲幅，遠高於慢牛式主升段的個股漲幅。但到 10 個交易日之後，股價將出現小幅回跌的情況，而此時一般的慢牛式主升段仍然保持 2% 左右的漲幅，所以暴漲式主升段的快速退潮，進一步向我們揭示了急速拉升的風險。

同時，在主升段將結束之前與換手率變化相同，漲幅也出現了一個明顯的上升過程。主升段結束前 5 個交易日的日平均，上漲幅度在 3% 左右，超過整個主升段期間的平均漲幅。而主升段見頂後的 5 個交易日內，行情卻突然逆轉，平均每日跌幅可能高達 2% 左右，相比行情啟動前的每日微跌，已經是讓投資人難以承受。

這也說明，投資人對於行情的判斷不僅限於買點的抉擇上，對於賣點的判斷同樣十分重要。一般來說，在主升段行情過程中，若出現了成交換手與漲幅明顯加速拉升的時候，往往是見頂的先兆，投資人此時應當謹慎操作，一旦從漲幅和換手變化上確定行情逆轉，則應及時採取相應操作，不應抱有僥倖心理。

❖ 從量價中研判主升段

經過以上分析可知，因為量價變化明顯且主升段有一定的持續性，即使投資人未能在第一時間發現行情的來臨，對後期的買入獲利影響不會很大。反倒是如何判斷主升段的結束，進行賣出操作，保住前期來之不易的利潤，對於投資人而言更難，但具有重要的意義。為此，以下就對主升段結束前後的量價變化特徵，為投資人作如下分析。

（1）投資人應有「主升段的持續性是有限」的認知，永遠上漲的股票是不存在的，同時漲得越猛的股票，其持續上漲時間就越短。

（2）根據「量在價先」的原則，在主升段期間，投資人更應注意換手率的變化。主升段期間平均換手率應呈現一定的放大過程。同時，整個主升段期間的平均值一般在 5％ 左右，若是在主升段進行了一定時間以後，出現換手率進入明顯放大的階段，同時漲跌幅也隨之拉升，往往意味著主升段結束的來臨。此時投資人就應當提高警惕，特別需要注意換手率的變化，一旦出現天量或天價都是賣出訊號。

（3）即使投資人由於種種原因，沒能在見頂的第一時間進行賣出操作，也可以透過主升段結束後換手率明顯萎縮和股價同時下跌，來進一步確認行情的結束，並堅決賣出離場，最大限度的保存前期利潤。同時，應當理性的接受，在實際操作中要做到最底點買入和最高點賣出，這幾乎是不可能的，但結合多種方法，對市場和個股進行分析和判斷，仍可以抓住其行情大致走勢，最後的回報依然值得期待。

（4）在面對不同類型的主升段走勢時，應該根據其各自的時空關係採取相應的策略。一般來說，投資人在面對來勢兇猛的快速拉升行情時，不要被短期巨大的收益衝昏，心裡應該有個底，那就是這樣的行情持續時間有限，一旦出現賣出訊號就應該堅決離場。如果手中拿著的是慢牛盤升類的個股，則應該抵制住其它快速拉升的誘惑，畢竟慢牛股來的慢但持續時間長，相對於換股追漲的風險，不如拿好手中的籌碼持股待漲。

（5）總的來說在行情來臨之前，市場量價規律已經傳遞出某種資訊，投資人應該對市場大環境和變化趨勢有所認識，去學會若主升段出現時，可以透過觀察個股是否存在以上的量價變化特徵，作為可能有大行情的個股。

這其中需要注意兩點，一是首先要明確「量在價先」的原則，量為主、價為輔，不要過多地糾纏於價，應當明確價的變化只是量的一種配合而已；二是應當根據換手率的變化情況，和個股歷史上換手率的綜合表現來判斷，如果出現主升段將會是慢牛式的還是暴漲式的，才能對後面的行情做到心中有數、胸有成竹。

（6）最後值得一提的是，對於廣大投資人而言，如果說行情開始之前的追蹤研究要求過高，難以掌握和分析的話，那麼行情啟動之後依照上述的分析思路，將個股行情性質先做判斷劃分，再依據不同性質主升段的量價表現

情況,來選擇、判斷買點和賣點,應該依然收獲不匪。

上述量價分析的結論儘管是來源於主升段的研究,但任何一次規模上漲又何嘗不是一個個縮小版的主升段呢?因此在實戰操作中,依然理所應當地將量價分析的思路貫穿其中。

3-2

從「均線」中捕捉主升段

在股市實戰中，精選個股有很多技術分析方法，但都離不開技術的最根本因素：量、價、形、線。其中的「線」，主要是指均線系統。下面介紹幾種實戰效果好、用均線系統快速捕捉主升段的技巧。

◆ 均線系統收斂法

均線系統即 5 日、10 日、30 日、60 日均線。具體運用方法為：當主力吸籌時成交量逐漸放大，股價隨之上升，5 日均線上穿 10 日均線之後，5 日、10 日又上穿 30 日均線，在整個均線系統形成多頭排列後，股價也有了一定漲幅，這時主力自然要洗盤。

洗盤時主力一般會將股價打壓得很低，股價先後跌破 5 日、10 日和 30 日甚至 60 日均線，使短期均線呈空頭排列，5 日和 10 日均線持續走低。但由於是洗盤性質，上升通道的中長期 30 日或 60 日均線一般不會受影響，仍然是處於向上或走平狀態。

這時 10 日均線經過前期的回落後，與上升中的或走平的 30 日均線形成收斂狀態，在 10 日均線與 30 日均線收斂的過程中，回落的股價開始止穩，並逐步上穿收斂中的 10 和 30 日均線。這時投資人就要注意了，一旦某天股價放量突破上方的 30 日或 60 日均線，最好是以光頭陽線突破上漲，那麼當天收盤前就是最好的介入點。

如圖 3-1 全柴動力（600218）的 K 線圖所示，股價止穩後出現小幅回升走勢，然後展開洗盤調整，股價回落到前期低點附近再次止穩，疑似構築

雙重底跡象，同期的 5 日、10 日均線與 30 日均線呈收斂狀態。2019 年 1 月
14 日，股價跳空高開，突破雙重底形態的頸線壓力，均線系統向多頭發散，
從此開啟一輪主升段行情。

這種方法是經過長期實踐後，總結歸納所得，其成功率非常高，中短線
操作皆宜。之所以要兩根均線收斂後，放量突破 60 日均線再介入，是因為
經過主力長時間的洗盤後市場成本趨於一致，再放量突破 30 日或 60 日均線，
則說明主力洗盤結束，各方面條件都已具備，真正的快速拉升或牛市行情上
漲將要開始。

這裡只是提供一個思路和方法而已，在實盤中有很多這樣的例子，投資
人不妨自我作歸納，一定會發現其中的奧妙所在。

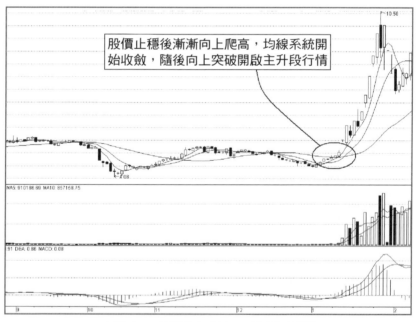

▲ 圖 3-1　全柴動力（600218）日 K 線圖

❖ 均線系統發散法

短中期均線發散法，主要是使用短中期均線來預測變盤的一種技巧。一般來說，5 日、10 日、30 日這三條短中期均線黏合的話，股價在波段高位或者低位的變盤概率較大，通常黏合越緊密、均線黏合越多、持續時間越長，後市突破的強度越大。

在上升趨勢初步形成後，因股價開始洗盤，此時 5 日、10 日均線走平或下行、30 日均線上行，然後三條均線黏合，這種情況下的 K 線形態，往往是上升過程中的中繼整理形態或階段性頂部形態。

那麼到底屬於上升中繼還是階段性頂部呢？這取決於均線如何發散。如果「向上發散」，則大多是在上升中繼形態的基礎上，展開新一波上漲行情，通常此時容易產生主升段行情，或是波浪理論中的第 3 推動浪。相反地，如果「向下發散」，則應謹防階段性頂部構成。

在下跌過程中同樣是如此，如果 5 日、10 日均線走平或上行、30 日均線下行，然後三條均線黏合，這種情況下的 K 線形態，往往是經過階段性下跌之後的中繼形態或者底部形態。那麼到底屬於底部還是下跌中繼，同樣取決於均線如何發散。如果「向下發散」，則屬於下跌中繼；如果「向上發散」，則屬於階段性的底部。

如圖 3-2 連雲港（601008）的 K 線圖所示，該股見底止穩小幅回升後，形成窄幅盤整走勢，隨著震盪整理的持續，原先呈多頭排列的均線系統，漸漸收斂幾乎黏合在一起，說明此時股價已進入一個相對均衡的狀態。主力成功完成建倉計畫後，從 2019 年 2 月開始股價持續向上走高，成交量溫和放大，說明有場外資金持續介入，均線系統出現向上發散。之後，經過一段爬高走勢後，股價出現加速上漲。

如圖 3-3 北斗星通（002151）的 K 線圖所示，該股見底後出現一波小幅反彈行情，然後進入長時間的盤整走勢，此時 5 日、10 日、30 日以及 60 日均線相互纏繞在一起，基本形成黏合狀態。當主力洗盤結束後，開始向上發力，股價出現向上突破，均線系統呈現多頭發散，一波飆升行情立即展開。

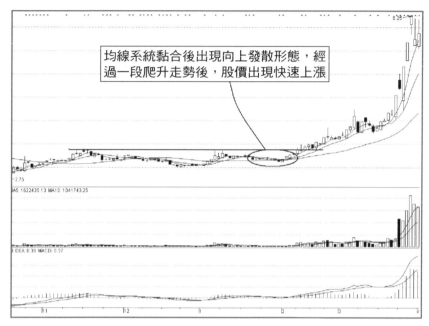

均線系統黏合後出現向上發散形態，經過一段爬升走勢後，股價出現快速上漲

▲ 圖 3-2 連雲港（601008）日 K 線圖

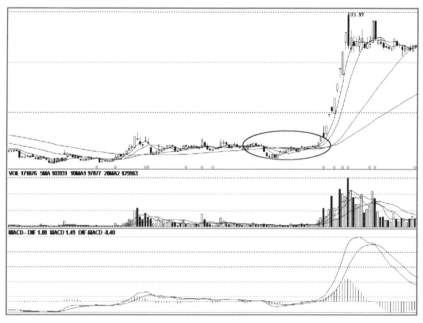

▲ 圖 3-3 北斗星通（002151）日 K 線圖

透過上述兩個實例的分析，不難發現這樣的結論：均線系統的黏合是股價突破之前的寧靜，預示股價將發生山崩地裂的走勢，一旦形成突破，就像脫韁的野馬開始瘋狂地奔騰了。投資人在實盤中遇到這種盤面現象時，應當奮起直追，縱身躍上馬背，好好體會一下騎馬的愜意。

❖ 均線系統轉折點法

關於均線理論，一般看得最多的就是均線的黃金交叉和死亡交叉，均線多頭和均線空頭，或者關注均線的斜率對 K 線的支撐和阻力，以及均線的平滑度對漲跌速度的影響。

以上的這些均線特點固然重要，但**對於漲跌方向和市場趨勢而言，「均線轉折點」就顯得格外重要，當市場重要的均線出現轉折點後，原來的漲跌方向和運行趨勢就會改變**，此時就要改變原來的操作方向。

1. 均線運行中的一二三轉折點

均線的運行方向基本是由上升、下降、橫向組合而成，上升時就是上漲行情，下降時就是下跌行情，橫向時就是震盪行情。在衡量進場時機時，就是要在均線出現轉折點時順勢而為，一般在均線出現第一轉折點時要開始關注，出現第二轉折點和第三轉折點時，都可以逢低做多並嚴格設置好停損。

均線從下降轉為上升的三轉折情況為：當一條均線下降很久之後，隨後 K 線在低位築底後大幅反彈，最終成功突破均線，然後均線的運行方向就由原來的下降轉為上升。當均線的角度從負數轉為正數的時候，這裡就稱為「均線轉折點」，並定為均線的第一轉折點。

但是，只有當均線出現第二轉折點時，才能確定第一轉折點。只有 K線突破均線後快速上漲脫離均線，才能帶動均線以較大的斜率迅速上升，然後 K 線回檔至均線之上，盤整後突破盤整平台再次上漲，從而帶動均線第二次向上轉折。但第二轉折點的位置，必須要明顯高於第一轉折點的位置，如此第一轉折點就確立。反之，如果 K 線突破均線後一直不能快速脫離均線，一直壓在均線之上橫向盤整，後市將可能繼續下跌。

「一轉關注，二轉進場，三轉加倉」。一般當均線向上出現第一轉折點後，都會有一個超短線的交易機會，上升速度和上漲幅度不盡相同，但上漲

之後都會出現回測均線的現象，以確認突破的有效性。在 K 線回測均線時，均線呈圓弧形上升，並不因 K 線回檔而下轉，就會對 K 線產生較強的支撐作用，即使 K 線又跌破均線，也能很快收在均線之上並突破上一根 K 線的最高價。當 K 線再次返身上漲時，就會帶動均線出現第二轉折點。

當均線出現第二轉折點時，其實就是 K 線第一次回測均線後，又一波上漲行情的啟動點，這是一個相對安全的做多位置；當均線出現第三轉折點，也就是 K 線第二次回測均線，只要均線仍然保持較大的斜率向上發散，還可以逢低做多。但每次進場的原則就是以小博大，因此，必須要嚴格設置停損，錯了就要認賠出場以避免大的虧損。

均線從上升轉為下降時，也會出現三轉，盤面現象和研判方法與上述相反。

當然，均線的運行形態是千變萬化的，沒有絕對的固定形態，相同的是均線從一個方向轉到另一個方向，都先出現「均線轉折點」，然後才可能確立方向的改變。均線的週期越長，出現「均線轉折點」後的意義就越重要。K 線圖的週期越長，出現「均線轉折點」後的趨勢就越持久。

在實戰操作中，投資人可以從自己熟悉的某條均線（如 20 日、30 日、60 日以及神奇數位 21 日、34 日、55 日等）出現的「均線轉折點」，來掌握市場趨勢轉折點帶來的投資機會。

2. 以21日均線為例，在波段轉折點的趨勢分析

21 日均線出現的轉折點，對於判斷趨勢非常重要，無論哪個週期的 K 線圖，當 K 線成功突破 21 均線或有效跌破 21 日均線，21 日均線出現了向上或向下的轉折點，K 線都會改變原來的運行速度和運行方向。在研究 K 線理論和均線理論時，很少有人注意 K 線運行的速度和均線出現的轉折點。

速度決定強度，K 線的運行速度越快，漲跌的強度就越大，當 K 線突破一條均線，K 線的運動速度提升了一個級別；當 K 線跌破一條均線，K 線的運動速度降低了一個級別。21 日均線是 K 線運動速度的一個關鍵點，只要成功突破 21 日均線或有效跌破 21 日均線，K 線在運動速度上都會出現轉機。用日線圖中的均線在判斷市場轉機和趨勢強弱時，主要就是以 21 日均線來判斷。

在下跌過程中，只要 K 線嘗試向 21 日均線上衝，就表示 K 線拒絕下跌，

K 線向 21 日均線上衝的次數越多，向上突破的可能性就越大。而 K 線每一次上衝 21 日均線，都會減緩 21 均線的下降斜率，當 K 線成功突破 21 日均線之後，就表示 K 線的運行速度又提升了一級，隨後只要 21 日均線出現向上的「均線轉折點」，市場將進入上漲波段。

在 21 日均線下降的斜率變得平緩後，尤其是 MACD 指標在低位走出圓弧底形態並形成黃金交叉，當 K 線成功突破 21 日均線，21 日均線出現向上的轉折點，就有一定的上漲空間。隨後只要 21 日均線保持一定的斜率向上發散，市場就是強勢的。K 線圖的週期越長，趨勢的持續性就越持久，上漲的空間就越大。

同樣，在上漲過程中，只要 K 線屢次向 21 日均線下探，就表示 K 線拒絕上漲，K 線向 21 日均線下探的次數越多，向下跌破的可能性就越大。而 K 線每一次下探 21 日均線，都會減緩 21 日均線的上升斜率，當 K 線有效跌破 21 日均線之後，隨後只有 21 日均線出現向下的「均線轉折點」，市場將進入下跌波段。

在 21 日均線上升的斜率變得平緩，尤其是 MACD 指標在高位走出圓弧頂形態並形成死亡交叉，當 K 線有效跌破 21 日均線，21 日均線出現向下的轉折點，就有一定的下跌空間。隨後只要 21 日均線保持一定的斜率向下發散，市場就是弱勢的。K 線圖的週期越長，趨勢的持續性就越持久，下跌的空間就越大。

如圖 3-4 金通靈（300091）的 K 線圖所示，在下跌調整的末期，K 線對 21 日均線多次發起攻擊，使 21 日均線下降斜率放緩。不久，K 線向上突破 21 日均線的壓制後繼續上漲，帶領 21 日均線由下降狀態轉為上行狀態，形成第一轉折點，同期的 MACD 指標形成黃金交叉，表示市場漸漸轉向強勢，此時投資人應密切關注後市的變化。

經過一段時間的洗盤整理後，K 線再次向上突破，並帶動 21 日均線上行，形成第二轉折點，表示主力洗盤換手結束，股價進入新一輪上漲行情，此時可以積極跟進做多，隨後股價出現牛市上漲行情，累計漲幅巨大。

在實戰操作中，用 MACD 指標配合 21 日均線掌握進出時機，具有較好的效果。在上升趨勢中，只要 MACD 指標已形成黃金交叉，21 日均線開始向上轉折，貼著 21 日均線逢低做多，把停損設置在 21 日均線之下的位置，停損的成本低，成功的概率高，上漲的空間大。

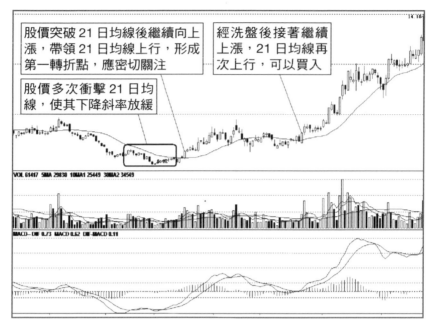

股價突破 21 日均線後繼續向上漲，帶領 21 日均線上行，形成第一轉折點，應密切關注

經洗盤後接著繼續上漲，21 日均線再次上行，可以買入

股價多次衝擊 21 日均線，使其下降斜率放緩

▲ 圖 3-4　金通靈（300091）日 K 線圖

　　在下降趨勢中，只要 MACD 指標已形成死亡交叉，21 日均線開始下轉折，貼著 21 日均線逢高做空，把停損設置在 21 日均線之上的位置，停損的成本低，成功的概率高，下跌的空間大。

　　如圖 3-5 跨境通（002640）的 K 線圖所示，該股盤面也非常清晰，K線突破 21 日均線後，引領 21 日均線上行，構成第一轉折點。然後，經過一段時間震盪整理後，股價再次向上突破，從而產生第二轉折點，同期的MACD 指標在 0 軸上方紅柱加長，成交量出現放大，說明盤面處於強勢之中，因而是一個較好的買點。

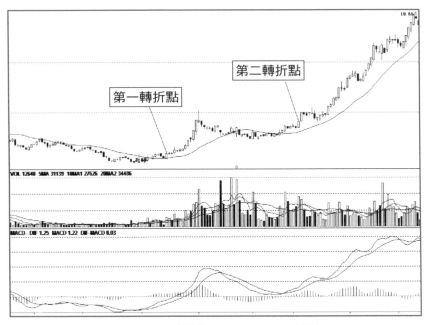

▲ 圖 3-5　跨境通（002640）日 K 線圖

3-3

從「K線」中捕捉主升段

K線為投資人常用的分析方法，以其直接、易懂、實用被廣泛運用。在判斷市場漲跌動能方面，K線技術在所有的技術分析方法中處於首要地位，這正是許多投資人潛心研究和廣泛使用K線的重要原因。在捕捉主升段行情時，K線技術當然具有主導作用，這裡介紹用K線捕捉主升段的幾種方法。

❖ 單日大陽線捕捉主升段

大陽線具有強烈的反轉或持續強勢上漲意義，因此運用一根大陽線就可以捕捉一波主升段行情，但必須是一根具有重要意義的大陽線，那麼主升段之前的大陽線有什麼特徵呢？

(1) **突破**：它是一根標誌性大陽線，成功突破重要的阻力位，例如一個技術形態、整理盤整區（密集區）、趨勢線或均線、關鍵窗口（時間或點位）等。

(2) **位置**：必須出現在上漲中途或是洗盤整理後，具有加速或突破意義，這一點非常重要。需要特別注意的是，雖然底部的大陽線很可靠，但實戰操作中，底部的大陽線往往很難直接引發主升段，它只是一個底部止穩或反轉訊號，因此不能擔當啟動主升段的重要角色。同樣地，高位的大陽線也不可能是一個主升段訊號，這常常是主力出貨的手段。

(3) **量能**：大陽線在具備上述兩個特徵時，必須要有成交量的積極配合，量價具有規律，縮量或巨量都是不可靠的，很難引發主升段的產生。

(4) 實體：大陽線實體漲幅應在 5% 以上（可用形態來代替，如紅三兵、跳空並列線），短小的陽線不可靠，通常陽線實體較長，上下影線很短或沒有，向上攻擊強度越大。

如圖 3-6 華泰證券（601688）的 K 線圖所示，該股主力在長時間的底部震盪過程中，成功地完成了建倉計畫後，股價漸漸走強，不斷收出多根上漲大陽線，但這些陽線只不過是見底止穩訊號，而不是主升段啟動訊號。隨後進行了一段時間的橫盤蓄勢整理，以「紅三兵」的方式，放量向上突破橫盤整理區，此後出現一輪主升段行情。

從該股走勢圖中可以看出，前面的陽線只是一般的見底訊號，可以作為中長線抄底的理由，後面的大陽線才是真正的主升段訊號，能捕捉這樣的訊號就堪稱股市衝浪高手。

如圖 3-7 深天馬 A（000050）的 K 線圖所示，這是一個突破盤整區域的例子。股價經過長期的下跌調整後，市場處於底部區域，也就是說市場已經到了跌勢的後期，股價開始在低位震盪幅度漸漸收窄。經過一段時間的築底

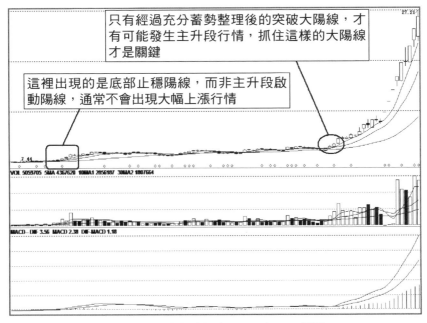

只有經過充分蓄勢整理後的突破大陽線，才有可能發生主升段行情，抓住這樣的大陽線才是關鍵

這裡出現的是底部止穩陽線，而非主升段啟動陽線，通常不會出現大幅上漲行情

▲ 圖 3-6　華泰證券（601688）日 K 線圖

盤整後，主力故意製造了一個陷阱，然後 2019 年 2 月 11 日在底部區域出現了放量漲停大陽線，從而宣告下跌趨勢結束，市場大底形成，從而產生一波反轉上漲行情。

為什麼這根大陽線出現後，股價就立即走強呢？從圖中可以看出，該股經歷了一段時間的下跌行情之後，在底部出現橫向震盪走勢，主力吸納了大量的低價籌碼。在低位出現了這根大陽線，預示著調整行情將要結束，後市將迎來上漲行情。特別是第二天股價繼續走強，再次收出一根漲停的大陽線，並且成交量也出現了放大，這說明買盤明顯增加，隨後股價就走出了一波快速上漲行情。

由此可見，投資人在遇到這種情形時，一定要注意第二天的股價走勢，以及在這之前的幾天裡股價的下跌速度是否放緩。千萬不要在股價經過一波下跌行情之後出現了大陽線，就盲目地追進，否則很容易被套。

如圖 3-8 成都路橋（002628）的 K 線圖所示，該股持續下跌，累計股價跌幅較大。從 2018 年 6 月下旬以後，下跌勢頭明顯放緩，漸漸形成橫盤整

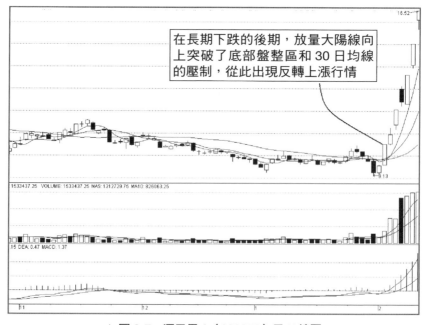

在長期下跌的後期，放量大陽線向上突破了底部盤整區和 30 日均線的壓制，從此出現反轉上漲行情

▲ 圖 3-7　深天馬 A（000050）日 K 線圖

理走勢。7 月 19 日，一根放量漲停大陽線拔地而起，向上脫離了底部盤整區，並收於 30 日均線之上，次日繼續漲停，從而產生一波快速拉升行情。

有人會認為，該股這根大陽線是下跌中繼形態，而不是止跌回升訊號，後面的上漲純屬意外。那麼應如何看待這樣的大陽線呢？透過盤面分析，可以得出如下幾點資訊：

(1) 在出現大陽線之前，成交量大幅萎縮，基本上處於地量水準，表示盤中賣壓不重，下跌動能不強，屬於無量空跌現象，股價隨時會出現止跌反彈。

(2) 在出現大陽線之前，股價遠離移動平均線，乖離率（BIAS）偏大，根據葛氏移動平均線八大買賣法則，股價有回歸均線附近的要求。

(3) 在出現大陽線之前，股價累計跌幅較大，下跌空間基本被封閉，已經出現明顯的橫盤止穩整理，市場至少需要一次技術性修復走勢。

(4) 在出現大陽線的當天，成交量明顯放大，顯示多頭力量暗流湧動。

(5) 在出現大陽線之後，成交量持續放大，股價繼續維持上漲，說明買盤積極介入，後市股價向上走高可能性較大。

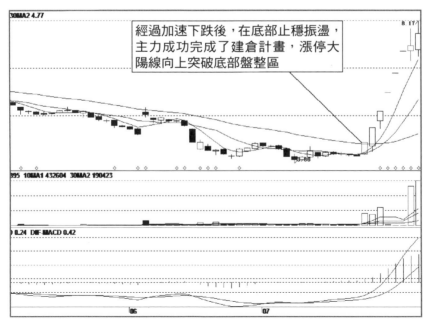

▲ 圖 3-8　成都路橋（002628）日 K 線圖

投資人在實戰操作中，遇到這種大陽線時應積極跟進，後市上漲的高度視成交量和其他技術指標的變化而定。

如圖 3-9 華鋒股份（002806）的 K 線圖所示，該股經過長時間的下跌調整後，股價漸漸見底止穩回升。主力向下打壓股價後，吸納了大量的低價籌碼。當股價回升到前期盤整區附近時，出現震盪整理走勢，此時盤面出現二次探底，技術形態遭到了嚴重破壞，但股價很快重回 30 日均線之下。然後重返 30 日均線之上，在盤整區附近主力展開洗盤整理，此時股價再一次回落，並擊穿了 30 日均線。2018 年 4 月 17 日，一根放量漲停大陽線向上拉起，表示洗盤整理結束，從而開啟一輪快速上漲行情，短期漲幅十分驚人。

從圖中可以看出，這根上漲大陽線也是洗盤結束的標誌，該股處於長期調整後的底部區域，股價出現明顯的止穩回升跡象，但整體升幅不大，此時主力不可能出貨。

在股價向下突破後，成交量不大，下跌幅度也不深，表示盤中賣壓並不大，因此這是正常的洗盤調整走勢。當大陽線向上突破均線系統時，表示洗

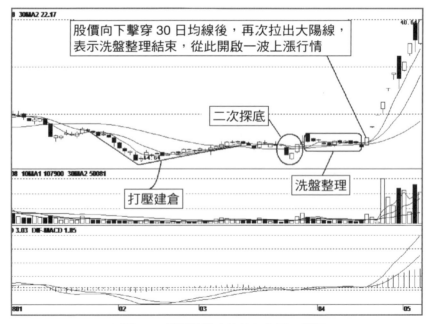

▲ 圖 3-9　華鋒股份（002806）日 K 線圖

盤調整成功結束，後市將迎來上漲行情，此時可以積極跟進做多。

　　洗盤就是主力運用種種手法，驅逐場內散戶離場，吸引場外散戶進場，使流動籌碼進行成功換手，主力達到順利拉升和出貨。因此，洗盤結束後股價將再現上漲行情，投資人抓住洗盤結束後的買入點，就是抓住了大行情的起漲點，所以掌握洗盤結束後的大陽線的技術要點非常重要。

　　洗盤結束後的大陽線盤面有以下特徵：① 出現在小幅上漲行情中；② 股價重心向上，回檔一般不會跌破大陽線開盤價；③ 成交量溫和放大，但不會出現爆量；④ 具有空中加油作用，進一步拓展股價上升空間。

　　在實戰操作中，如果能夠正確區分洗盤與出貨，就可以從容出入，自由駕馭，穩賺不賠。然而，分清洗盤和出貨是件很不容易的事，很多人不僅無法完全正確判斷洗盤和出貨，而且往往會在兩者之間造成誤判。當主力洗盤的時候誤以為是出貨，慌忙出逃，結果眼睜睜看著到嘴的肥肉飛了。等到主力出貨時，又誤以為那只不過是主力在洗盤而已，在最危險的時候死抱股票不放，結果被套了。

　　那麼如何正確區別洗盤與出貨呢？

　　(1) 洗盤深度一般不會很大，因為深度過大往往會讓散戶識別後趁機撿走籌碼，因而洗盤時股價一般不會下跌 30 日均線，即使在盤中下跌也會在尾市拉起。出貨時主力的目的是讓手中的獲利籌碼儘快賣出，並不介意下跌多少條均線。即使在殺跌過程中在尾市拉起，亦只是力求賣個好價錢或拖延下跌時間。從日 K 線圖形上看，往往出貨的表現為高點一個比一個低，而低點也一個比一個矮，重心下移明顯。

　　(2) 主力洗盤往往利用大盤波動和個股利空消息進行，利用市場指數大幅上揚或個股利多消息趁機出貨。如果主力進駐股票時，投資人和整個市場一致看好後市的走勢，為了獲得足夠的籌碼，主力一方面進行較長期的橫盤打壓外，另一方面也會借助外力或內部利空消息進行洗盤。大家試想，主力持有大量籌碼，在突發性的暴跌面前怎能拔腿而逃？觀察歷史走勢可以看出，每次暴跌都是逢低買入的時機，決不是賣出的時候。

　　(3) 洗盤的位置一般處於第一上升浪之後，有時也會在較低的位置，一般漲幅在 30% 以內。而出貨一般出現在第 5 浪上升之後的高位區，漲幅一般大於 100%，甚至更高。因此區分是洗盤還是出貨，就要看股價處於高檔區域還是階段性低位。投資人可以測算目前價位，主力是否有獲利空間，若

目前價位主力獲利很薄，主力為操盤苦心經營已久，豈會輕易棄盤而逃呢？若目前價位主力獲利較豐，則應高度警惕了。

(4) 洗盤目的是為了嚇出跟風盤，因而洗盤時主力往往「假戲真做」，把圖形做得越難看，越容易達到目的，圖形上的表現往往為大陰線。出貨則是為了儘快賣出籌碼，出貨則是「真戲假做」，把出貨的企圖時不時用一兩根陽線來掩蓋。從趨勢上看，出貨往往表現為高點一個比一個低，重心下移明顯，而洗盤最終目的是向上突破。

(5) 觀察主力的洗盤次數：主力吸足籌碼之後，如果是第一次進行洗盤，投資人不妨繼續持股。如果是已經經過了幾次洗盤之後再次出現回落，而且累積升幅已相當可觀時，則要隨時警惕主力的出貨。

(6) 股價形態上連續出現多個上升缺口，高位的回落也伴隨著缺口的出現，而且缺口短期內不予回補（3 天之內不回補），表示主力出貨堅決，此時應立即離場觀望。

(7) 洗盤時股價快速回落，往往會擊穿一些重要的支撐點位，但又迅速拉回，不有效擊穿，表示主力並不希望股價進一步走低，而是透過營造短期的空頭氣氛，將盤中浮籌震盪出場。

(8) 洗盤時股價的回落呈現典型的無量空跌走勢，在重要的技術支撐點位會縮量盤穩，「縮量跌」是洗盤的主要特徵之一。對於持倉巨大的主力來說，不會用大量籌碼來洗盤，這既沒有現實意義也沒有必要，他們只會拿部分籌碼來均衡市場。

當盤中浮籌越來越少，成交量呈遞減趨勢，最終形成突破並伴隨著成交量驟然放大，表示洗盤過程基本上已經結束，新的一輪攻勢即將展開。主力在出貨階段，股價見頂回落前或回落當天伴隨著巨量，也就是籌碼在大量賣出，成交量一直保持較高水準。

主力操盤時，通常採取邊拉升邊賣出籌碼，以高位出貨為主的戰術。即使股價在回落後止跌盤穩，在造勢過程中也不會再度大手筆買入，股價往往在頂部形成放量滯漲或無量空漲的現象。但出貨後期成交量不一定迅速放大，而是呈下跌狀態，表示主力出貨完畢，股價由散戶支撐，在這種情況下，股價必然繼續下跌。

(9) 均線發散趨勢：洗盤時均線仍然向上呈多頭排列，但上攻的斜率不是很陡，且喇叭口剛剛發散。出貨時均線多頭排列已被破壞或開始向下，且

喇叭口發散程度放大，股價重心開始小幅下移。

⑩日 K 線是否連拉出陰線：洗盤一般不會下跌太多，頂多拉 2~3 根陰線。出貨後期時經常連拉大陰線。此外，從當天外盤與內盤的成交量對比來看，兩者也有所區別。洗盤時外盤與內盤成交張數差不多，出貨時一般內盤（綠單）成交張數大於外盤（紅單）成交張數，且經常有大賣單出現。

　　總之，面對主力的各種形式的洗盤方法以及出貨的方式，投資人應加以區分和辨別。如果能夠正確地識別主力正在洗盤，那麼上下打壓之時，就是逢低買入與逢高賣出的時機。如果主力在高位出貨，或遇有重大利空出貨，由於其所持有的籌碼較多，常會使股價形成巨幅波動，多次反彈，形成較多的短線機會，投資人可以多加把握。雖然投資人害怕被主力套牢，但主力更怕被廣大的投資人所拋棄。

❖ 雙日 K 線組合捕捉主升段

　　雙日 K 線組合分析，就是將前後兩根 K 線組合在一起，根據其開盤價、收盤價、最高價、最低價的排列情況進行分析研判，捕捉符合主升段的重要形態組合，如旭日東昇、包容線、早晨之星、孕育線等雙日 K 線組合形態。雙日 K 線組合形態在捕捉主升段方面，有以下技術要求。

　　(1) 形態應具有突破性意義，即突破一個重要的技術阻力位，而不是一般的震盪走勢。

　　(2) 形態應出現在上漲中途或是洗盤整理後，既不是下跌趨勢的末期（大多是見底訊號，很少成為主升段訊號），又不是大幅上漲後的高位。

　　(3) 成交量同步放大，量價配合默契。縮量或異常的放量都是不可靠的，很難引發主升段的產生。

　　(4) 形態的第二根大陽線應站於 30 日均線之上，5 日、10 日均線向上運行，30 日均線反轉上行或已經處於上行趨勢之中。

　　以下詳細分析各種雙日 K 線組合形態。

1. 旭日東昇組合

　　旭日東昇 K 線組合，具有底部反轉或持續強勢上漲的特徵，它的形成過程可分三步：第一，在調整過程中收出一根大陰線或中陰線；第二，次日

為一根高開高走（高開於第一天陰線實體之內）的大陽線或中陽線；第三，次日陽線收盤價高於第一天陰線開盤價。其技術分析要點如下。

(1) 黑暗過後才可能會有陽光，形態之前股價要經過充分的洗盤或下跌，次日大幅高開的陽線收盤價超越前一日陰線的開盤價（即實體之上）。

(2) 在前期的洗盤或下跌時，成交量也未必會明顯放大，關鍵是看後期的成交量增長情況，如果出現持續地放量，則為股價的進一步上漲減輕了壓力，形態的可靠性越大。

(3) 前後兩根 K 線的實體大小近乎相等為標準形態，可略有差異但不能過於明顯，至少第二根 K 線不能小於第一根 K 線。如果第二天陽線的長度長於第一天陰線的長度，則上漲強度更強。

(4) 第一天陰線的最高價是後市股價回檔的支撐點，只要在該位置得到有效支撐，形態的看漲意義就不會改變。

如圖 3-10 世紀瑞爾（300150）的 K 線圖所示，該股見底後出現小幅上漲，2014 年 7 月 23 日一根大陰線跌破了 30 日均線的支撐，顯示股價有繼續下跌趨勢，盤面有進一步做空跡象。出乎意料的是，第二天股價出現高開高走，當日收一根漲停大陽線，與前面的這根陰線組合一起，就形成了旭日東昇 K 線組合形態。從此，股價結束調整走勢，繼而出現一波快速上漲行情。

2. 曙光初現組合

在股價經過很長一段時間下跌之後，空方的量能已經得到了比較充分的釋放，股價已經毫無下跌空間了，於是盤面上出現了十分強烈的轉勢訊號。在某兩個交易日裡，前一個交易日裡收出了大陰線或是陰線，延續了原來的下跌勢頭，後一個交易日股價跳空低開進一步加強了下降的氣勢，但是市場迎來了報復性反彈，立即收出一根截然相反的大陽線或中陽線，且大幅深入到前一根陰線實體的中部。

這表示原先由空方控制的局面即將成為過去，早晨的陽光已經普照大地，盤面上一掃陰遁之氣，後市股價走勢將會迎來一片豔陽天，從而成為一個潛在的底部反轉形態，且陽線穿入陰線的幅度越大，反轉訊號越強，所以這樣的 K 線組合形態看漲意義十分強烈。

如圖 3-11 中海達（300177）的 K 線圖所示，該股在底部調整過程中，2018 年 3 月 23 日收出一根跌停大陰線，加強了市場做空氣氛，第二天受此

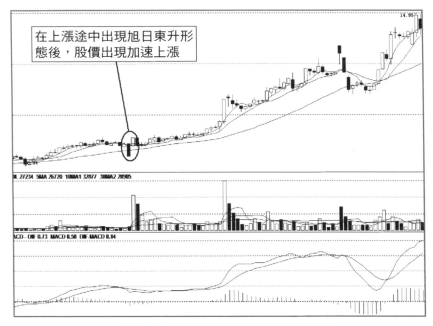

在上漲途中出現旭日東升形態後，股價出現加速上漲

▲ 圖 3-10　世紀瑞爾（300150）日 K 線圖

影響股價跳空低開，但股價很快就漲了上來，不僅回到了第一天的收盤價附近，而且還變本加厲地向上大大超越了這個水準，深入到前一天大陰線實體的 1/2 以上，表示多頭氣勢十分強盛。一般而言，大陽線深入到大陰線實體越深，其形態底部反轉訊號的可能性就越大。這時一些觀望者也加入了多頭行列，進一步推動股價上漲，因此是一個看漲形態。

　　曙光初現形態通常出現在股價下跌趨勢的末端，如果股價已經有了很大的跌幅（跌了 50% 以上），那麼一旦出現這樣的組合形態，就預示著前面整個下跌的趨勢可能嘎然而止，股價可能從此出現止跌回升走勢。

　　從實盤情形來看，曙光初現形態在盤面上出現的時候，應當有比較大的成交量相應配合，才是比較可靠的底部反轉訊號，如果成交量不但沒有相應放大，反而有所萎縮，就特別值得警惕了。這樣的態勢通常表示，此時並不一定是股價見底訊號，股價還有可能進一步下跌。這時出現的曙光初現形態，有可能是主力為了操盤目的而製造的多頭技術陷阱。

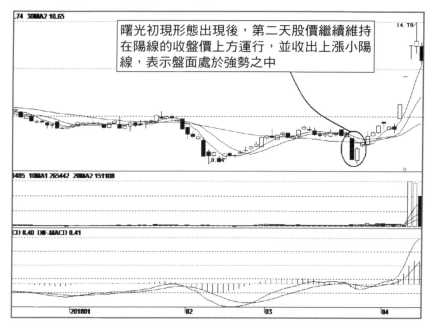

曙光初現形態出現後，第二天股價繼續維持在陽線的收盤價上方運行，並收出上漲小陽線，表示盤面處於強勢之中

▲ 圖 3-11　中海達（300177）日 K 線圖

3. 陽包容線組合

包容線主要由兩根實體顏色相反的陰陽 K 線組成，出現在市場的轉捩點上，有分析意義的包容線多發生在底部和頂部。根據其顏色不同，可分為陽包容線和陰包容線兩種。陽包容線也叫破腳穿頭線，為利多形態；陰包容線也叫穿頭破腳線，為利空形態。

陽包容線出現在市場末期，先出現一根實體相對較小的陰線，第二天股價先跌破第一天陰線實體的低位部分，後呈急促反彈，突破第一天陰線實體的最高價收盤，形成一根大陽線，陽線實體兩頭都超過陰線實體的上下邊，將第一天的陰線實體全面吞沒。

簡單地說，就是在兩根 K 線組合中，右邊的陽線完全「吃掉」左邊的陰線，第二根陽線的最低價低於第一根陰線的最低價，最高價則高於第一根陰線的最高價，就稱作「陽包容線」。這種形態代表空頭趨勢結束，行情反轉向上，因此陽包容線是空轉多的底部反轉訊號。

如圖 3-12 必創科技（300667）的 K 線圖所示，股價見底後步入盤升行

情，主力採用邊拉升、邊洗盤、邊整理的方式將股價不斷推高，當股價回升到前期盤整區附近時，主力主動展開洗盤整理走勢。2018 年 3 月 23 日，一根接近跌停的大陰線向下擊穿了整理小平台，而第二天一根漲停的大陽線向上拉起，收復了前一天陰線的全部失地，形成陽包容線形態，成交量也開始明顯放大，說明洗盤整理結束，從此股價出現飆升行情。

　　其實，該股陽包容線形態中前面的大陰線並不可怕，其理由為：一是股價距離前低位置不遠，殺跌空間不大。二是殺跌動能不足，沒有恐慌盤湧出，這一點從較小的成交量上就能得到解釋。三是 30 日均線支撐非常有力，支持股價走高，這一點非常關鍵。

　　如果這種形態出現在股價經過一輪下跌趨勢之後，且股價已經反覆震盪築底，或者是市場下跌的速度已經有所減緩，那麼此時出現陽包容形態，就具有一定的市場含義，預示股價即將進入反轉上漲了。

　　在操作策略上，投資人應該選擇時機進場操作。如果第二天股價開盤後能夠繼續走高的話，那麼在當天的震盪當中，投資人就可以在股價震盪回落

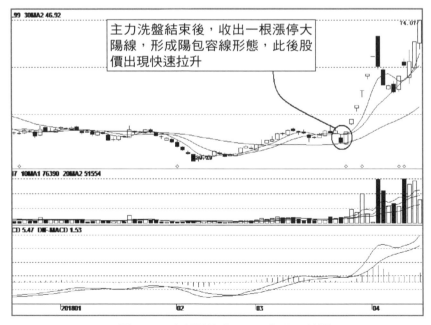

主力洗盤結束後，收出一根漲停大陽線，形成陽包容線形態，此後股價出現快速拉升

▲ 圖 3-12　必創科技（300667）日 K 線圖

時選擇買進，此時是一個較佳的買入時機。如果第二天股價走勢不是那麼強勁的話，股價很可能會先震盪幾天再反轉。此時，投資人可以趁股價震盪時逐步買進，或者是等股價經過震盪後開始走強時，進場買進也可以。

4. 孕育線短線技巧

在明顯的下跌趨勢中，出現一根大陰線會強化利空的氣氛，但第二天股價高開反映下跌力道放緩中，有買入盤吸納，但買入盤仍然謹慎，未見大幅搶高而使股價急升，故收盤時仍在前一日大陰線範圍內，猶如母親懷有身孕一樣，形成利多的底部孕育線。

細心觀察此形態，相對包容形態中的破腳穿頭只有一點不同，破腳穿頭中的第一根 K 線實體較短，第二天 K 線實體較長；而底部孕育線剛好相反，就是第一根 K 線實體較長，第二根 K 線實體較短。陽孕育線可合併為帶長下影線的陰線或錘頭線。

如圖 3-13 天華超淨（300390）的 K 線圖所示，2018 年 2 月 6 日，股價延續下跌趨勢再次收出一根大陰線，大有加速下跌之勢。但第二天卻高開於大陰線實體之內，全天在前一天的大陰線實體之內運行，股價小幅走高，呈現出一根小陽線被前面的大陰線所懷抱，從而形成陽孕育線形態。說明股價下跌動力已經不足，從此經過一段時間的築底後，股價出現一波快速拉升行情。

孕育線揭示了股價在其前後走勢狀況的明顯反差。如果是在牛市行情中出現的話，前面的漲勢表示市場本來充滿了活力，但是後面小實體的出現，則反映了市場猶豫不定，這說明牛市方向的推動力正在衰落，因此市場走勢有可能發生反轉。

相反地，要是這種形態出現在跌勢中，前面的跌勢反映市場拋售壓力沉重。但隨著後面一根小實體的出現，又表示市場徘徊不定，這根小實體具有警示訊號的作用，說明賣方的力量正在衰落。所以此時這種形態的出現，可能會構成市場跌勢的反轉。

一般來說，孕育線出現在頭部或底部區域時，預示著接下來的走勢與行情與先前的方向相反。也就是說波段高點孕育線時，市場會孕育出下跌的新行情。在波段到低點時出現的孕育線，市場會孕育出上漲的新行情。但是，底部出現這種孕育線形態時，其行情的復甦通常非常緩慢，畢竟孕育中的

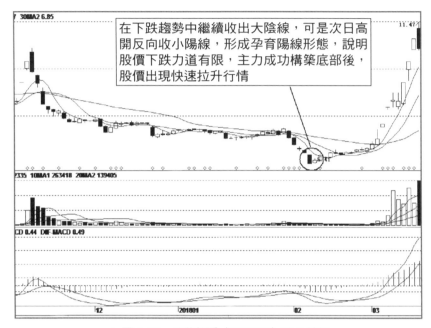

在下跌趨勢中繼續收出大陰線，可是次日高開反向收小陽線，形成孕育陽線形態，說明股價下跌力道有限，主力成功構築底部後，股價出現快速拉升行情

▲ 圖 3-13　天華超淨（300390）日 K 線圖

「小生命」，還要等待一天天地長大，不可能一夜之間長大成人，這也是此種 K 線形態命名為孕育線的道理。

❖ 三日 K 線組合捕捉主升段

　　三日或多日 K 線組合分析，就是根據多根 K 線的排列情況分析研判，重點在於形態結構方面。比較重要的三日 K 線組合形態有：早晨之星、黃昏之星、紅三兵、黑三鴉、兩陽夾一陰、兩陰夾一陽等；比較重要的多日 K 線組合形態有：上升三法、下降三法等。

　　三日 K 線組合形態在捕捉主升段方面的技術要求，與雙日 K 線組合形態相似，說明如下。

　　⑴ 形態應具有突破性意義，即突破一個重要的技術阻力位。

　　⑵ 形態應出現在上漲中途或是洗盤之後，既不是下跌趨勢的末期（大多是見底訊號，很少成為主升段訊號），又不是大幅上漲後的高位。

（3）成交量同步放大，量價配合默契。縮量或異常的放量都是不可靠的，很難引發主升段的產生。

（4）形態的最後一根大陽線應站於 30 日均線之上，5 日、10 日均線向上運行，30 日均線反轉上行或已經處於上行趨勢之中。

1. 早晨之星組合

早晨之星形態意味著下跌或洗盤行情即告結束，為強烈的底部反轉或加速上漲訊號。其形成過程為：第一，在調整過程中收出一根較長陰線實體；第二，次日股價跳空低開，收出實體較小的星線；第三，第三天股價強勢上漲，收出一根實體較大的上漲陽線，其實體部分或全部吞食第一根陰線的實體，顯示出多頭已經開始了初步的反攻。其技術分析要點如下。

（1）理想的早晨之星形態為，第二根星線與第一根大陰線實體之間，有一個小小的向下跳空缺口，第三根陽線應小幅高開，可加強形態效力。

（2）第三根陽線要求插入到第一根陰線以內的 1/2 以上，通常插入越深看漲意義越大，如果全部吞沒第一根大陰線，則看漲意義更強烈。

（3）若第一根陰線的成交量較小，而第三根陽線的成交量較大，表示原先跌勢力量衰竭，及新趨勢力量的增長。或者，第三根陽線的成交量明顯放大，超過第一根和第二根 K 線的成交量的三成以上，代表買盤積極，更有利於後市上漲。

（4）早晨之星形態出現在長期下跌的末期、暴跌之後、回檔洗盤結束之時，其準確率較高。如果出現在橫向整理區域，雖然是看漲訊號，但實盤效果不佳，容易出現失敗形態。如果出現在前期低點附近，其反轉上漲的意義更大。

如圖 3-14 中潤資源（000506）的 K 線圖所示，股價見頂後逐波下跌，成交量不斷萎縮，顯示做空能量得到較好釋放。股價放量漲停，在低位構成一個早晨之星形態，隨後成交量溫和放大，多頭資金分批入場，不斷將股價向上推高。

在上升趨勢的初期或途中形成的早晨之星形態，往往是洗盤整理結束的標誌，後市股價大多出現加速上漲，此時可以加大倉位做多。

如圖 3-15 廈門國貿（600755）的 K 線圖所示，該股成功見底後，股價穩步向上攀高，均線系統呈現多頭排列狀態，然後主力進行洗盤調整走勢。

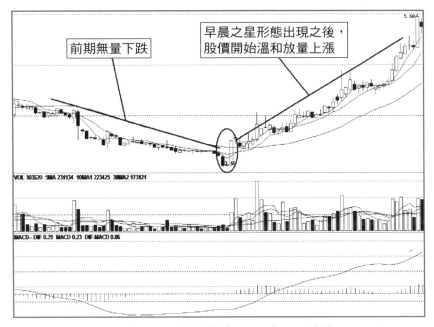

前期無量下跌

早晨之星形態出現之後，
股價開始溫和放量上漲

▲ 圖 3-14　中潤資源（000506）日 K 線圖

當股價回落到均線附近時，獲得了強大的技術支撐，而拉出漲停大陽線，從而形成早晨之星形態，這個形態說明主力洗盤整理結束，隨後股價進入主升段行情。

這種形態的前提是發生在股價大幅下跌後的低位，前面一根 K 線的下影線越長，並伴隨較大的成交量，則表示有買盤介入，在大陽線當天的上漲過程中要有成交量的配合，且當天收盤在前面的陰線 1/2 以上，若能全部吞沒前面的陰線，則效果更佳。

同時，將這種形態與支撐位結合一起分析，如果股價下跌遇到重要支撐位時，出現這種形態則看漲意義更強。投資人遇到這種形態時，不妨先把它當作超跌反彈行情看待，然後靜觀其變，若能繼續走強則可以確認為底部，這時可以加大倉位。

2. 紅三兵組合

紅三兵形態為強烈的底部反轉或加速上漲訊號，由三根上漲陽線組成，每根 K 線比上一日價格上漲，穩步成梯狀向上攀升的大陽線所形成，三根

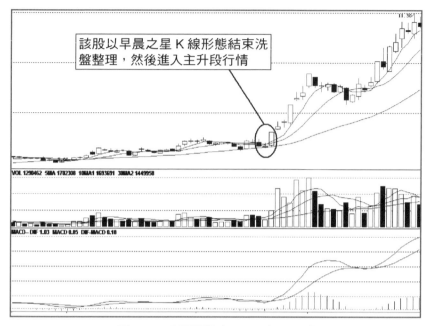

該股以早晨之星 K 線形態結束洗
盤整理，然後進入主升段行情

▲ 圖 3-15　廈門國貿（600755）日 K 線圖

實體陽線長度相近，其勢如同三個堅挺剛強的士兵，給人可靠的安全感，因此是一個普遍看漲的轉勢訊號。

　　紅三兵是重要的 K 線技術形態之一，一根上漲陽線之後，再連續出現兩根大致相當的陽線，後一根陽線的開盤價，處於前一根陽線的實體之內或收盤價附近，當日收於最高價或次高價，呈梯形上升，其上下影線均比較短。其技術分析要點如下。

　　如圖 3-16 江山歐派（603208）的 K 線圖所示，股價回落到前期底部附近時，主力構築了一個空頭陷阱，然後漸漸止穩盤整。2018 年 10 月 30 日，多頭開始向上攻擊，連收三根中陽線，構成紅三兵形態，股價向上突破了均線系統的壓力。第四天股價繼續強攻，收出漲停大陽線，紅三兵形態得到進一步鞏固和強化，說明股價成功見底，投資人可在回檔時大膽介入。

　　紅三兵形態歷來受到市場的廣泛關注，在長期下跌的底部出現時，意味著股價見底回升或反轉；在上漲途中出現時，意味股價將出現加速上漲行情。在實盤中，如果紅三兵形態向上突破某一個重要的技術位置時，意味著股價

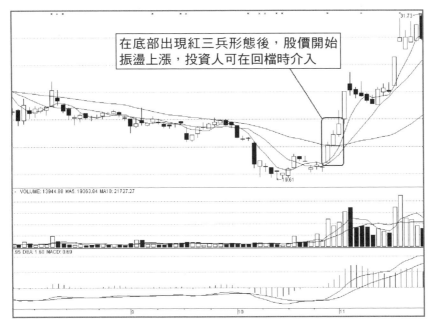

在底部出現紅三兵形態後，股價開始振盪上漲，投資人可在回檔時介入

▲ 圖 3-16　江山歐派（603208）日 K 線圖

將步入新的上漲格局之中，後市行情堅定看好。

如圖 3-17 藍色光標（300058）的 K 線圖所示，該股經過幾天的快速調整後，股價漸漸止穩回升，當股價回升到均線系統附近時，似乎遇到較大的壓力。經短期的蓄勢整理後，股價連拉三根陽線，形成一個紅三兵形態，該形態成功突破均線系統的壓制，從而結束了調整走勢，股價保持在 30 日均線上方運行，此後股價穩步上漲，漲幅超過兩倍。在實戰操作中遇到這種盤面時，激進的投資人可以在紅三兵形態出現時積極做多，穩健的投資人應等待股價回落確認突破有效時介入。

在實戰操作中，投資人遇到紅三兵形態時，應掌握以下技術要點。

(1) 第二日及第三日的開盤價，可以在前一日實體之內的任何部分，但如果開盤價在前一日實體的中間部分，呈梯形上升，則利多效力強。

(2) 紅三兵形態一般出現在市場見底回升的初期，因而回升幅度不大、速度緩慢，但走勢相當穩健，此階段逢低建倉可以來得相當容易，且風險不大。

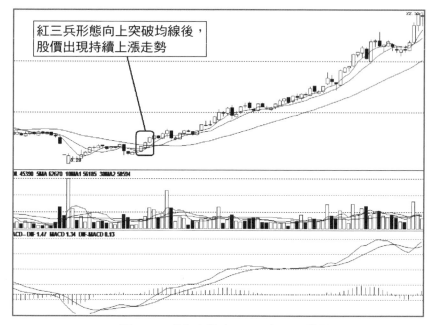

紅三兵形態向上突破均線後，
股價出現持續上漲走勢

▲ 圖 3-17　藍色光標（300058）日 K 線圖

　　⑶ 三根陽線的成交量比較平均，與前期緩慢下跌時的成交量基本持平，
顯示買盤力量持續，進一步確認走勢，在隨後的突破飆升階段，成交量會成
倍放大。紅三兵形態通常預示著市場見底，稍後階段產生「井噴式」上升的
機會較大。

　　⑷ 如果紅三兵形態的陽線實體過長，長度過大，短期技術指標顯示有
超買跡象，謹防短線技術回檔。

　　⑸ 上漲趨勢持續一段時間後，在高位出現紅三兵形態，謹防出現多頭
陷阱。在高位出現前方受阻紅三兵或停頓紅三兵形態時，應及時採取保護性
措施。

　　⑹ 經過充分盤整後向上突破形成的紅三兵形態，比超跌反彈出現的紅
三兵形態要可靠得多。

(7) 確認紅三兵形態的強弱法則，有以下三點。

- 如果高低點整體漲幅在 20% 以上，最後一根 K 線實體漲幅在 5% 以上，表示股價極強。

- 如果高低點整體漲幅在 15% 左右，最後一根 K 線實體漲幅在 3% 左右，表示股價漲勢呈中性。

- 如果高低點整體漲幅在 10% 以內，最後一根 K 線實體漲幅僅在 1% 左右，表示股價漲勢偏弱。

3-4 從「波浪」中捕捉主升段

先提醒一個重點是：**如果股價在 2 浪或 4 浪回檔到位後，以猛烈的攻勢突破前期新高，其向上攻擊就會形成大 3 浪或大 5 浪，即主升段。**

浪波理論的優點有以下三個：

- 第一，利用波浪理論可以列出多個後市發展模式，使投資人對後市變化有一定的心理準備，投資人面對未來可能的走向，可以制定不同策略。一般首先以數浪方式作為藍圖，確定買賣範圍，一旦首選數浪方式被否決，可以立即將次選提升為首選，這對買賣較有把握。
- 第二，波浪理論可以配合其他技術指標運用推算，不難找出升浪頂和跌浪底的出現位置。
- 第三，可以利用神奇數位分列演變出來的黃金分割比率，以預測升浪頂部和跌浪底部。

在推動浪中，經常出現一些不尋常且不規律的變異形態，使得 5 浪的結構不易辨認，這就是「延伸浪」。它是在同一個級別的浪形內，出現次一級的小 5 浪形態。

也就是說，在 5 浪組合中多包括一個延伸浪，內含低一級的 5 個浪，使整組形態看似由 9 個浪構成。延伸浪多數出現在第 3 浪或第 5 浪之中，所以在這兩個浪形中容易出現主升段。那麼，如何從波浪形態中捕捉主升段呢？本節中介紹幾種操作技巧。

❖ 抓住 3 波主升段

　　在經過第 1 浪的逐步建倉和第 2 浪的下跌洗盤後，市場主力已經獲得了大量的低價籌碼，那麼接下來就是進入第 3 浪拉升行情了。在實戰操作中，通常第 3 波是行情最具爆發力的一波，其執行時間和上升幅度是推動浪中最長的一浪，第 3 浪是整個上升階段中最值得期待和興奮的行情，也是 5 浪中最有可能出現擴延波的一浪，主升段經常出現在第 3 波之中，它絕對不能是 5 個波段中最短的一波。

　　由於在第 3 波時，各種技術指標都已陸續出現買入訊號，包括道氏底部形態的頸線壓力都已向上突破，市場人士一片看好，因此成交量大量增加，經常會有向上的跳空缺口出現，這是第 3 波的最大特徵。

　　第 3 波的上漲幅度通常是第 1 波的 1.618 倍或 2.618 倍，如果出現擴延波則有可能達到第 1 波的 4.236 倍，因此散戶只要抓住第 3 浪，就能獲得最大的利潤。

　　如圖 3-18 上海新陽（300236）的 K 線圖所示，股價見底後經過第 1 浪的初步上漲，然後進行第 2 浪回檔洗盤整理，為整個 5 浪上漲奠定了基礎。該股在第 3 浪的上漲過程中出現了複雜形態，亦即出現了小一級的第（1）、（2）、（3）、（4）、（5）浪延伸走勢。這小一級的 5 個子浪構成第 3 推動浪，累計漲幅最大。

　　該股的走勢就是呈現延長浪上漲方式。在實戰操作中，第 3 浪發生延長是普遍現象，原因是主力不能高度地控制市場的籌碼。同時在第 3 浪的上漲過程中，獲利的籌碼會不斷地產生，主力為保證拉升壓力的最小化，以及提高市場中入市的成本價格，選擇邊拉邊洗的方式就是一個很明智的選擇了。

　　從圖 3-18 中可以發現第 3 浪延長的出現，以及第 3 浪延長發生後，在第 4 浪和第 5 浪就會出現一般性的走勢。第 3 浪經歷了次一級 5 浪的延長，因而其長度變得較長。在這種情況下，第 3 浪可能達到第 1 浪的 1.618 倍，或者 2.618 倍，有時甚至能達到第 1 浪的 4.236 倍。

　　在第 3 浪發生延長之後，第 4 浪的再次回檔往往會比較強烈，回檔的深度往往也比較大，這是在第 3 浪見頂後，在市場巨大出貨壓力下產生的。之後產生的第 5 浪在這裡會表現的較一般，因為第 3 浪已經把上漲幅度拉得很高了，第 5 浪的上漲就不會持續久。這時的第 5 浪，其實更多的成分是主力

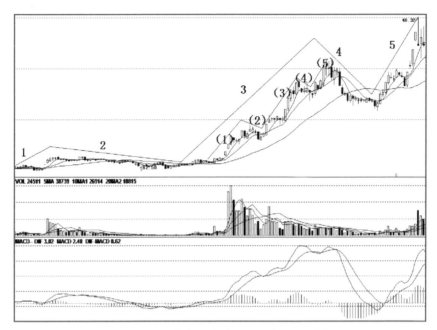

▲ 圖 3-18　上海新陽（300236）日 K 線圖

拉高出貨的手段。

　　至於如何在第 3 浪中尋找買賣機會？投資人應掌握以下技術要點。

　　(1) 隨成交量的放大，分批次地入場操作：第 3 浪開始，股票的成交量必然出現放大的現象，但是也不能完全依賴成交量的放大來進行盲目的操作。因此，正確判斷第 2 浪的結束後，就應該根據成交量的放大情況進行分批次的入場操作，不能盲目地全力跟進。

　　從圖 3-18 中還能發現股價在緩慢的推升中，成交量也出現了溫和的放大，在第 3 浪突破第 1 浪的高點時，就形成明顯的放量突破走勢，那麼在這幾天中應該尋找機會積極入場，但入場的倉位不宜太重，一般控制在 20% 左右，然後靜觀後市的變化。

　　(2) 突破第 1 浪頂部區域，等待回檔時入場操作：在第 3 浪前期的走勢中，面對前面第 1 浪的高點，也就是第 2 浪的開始區間，並沒有選擇迴避，而是比較強勁地突破，這給投資人一個堅定後市的信心。通常在突破後，市場肯定會進行小範圍的回檔鞏固，從而展開後面更大的行情走勢。那麼在突破發

生後的回檔中，就是我們建倉的絕佳機會。

⑶ 大步向前，敢於追漲：在實戰操作中，第 3 浪始終都是令人期待的一浪，只要能抓住第 3 浪，順著第 3 浪的軌跡操作，必能獲得不小的投資回報。經由對第 1 浪和第 2 浪的分析，可以得出第 3 浪極有可能出現爆發性的行情，但是基於第 1 浪和第 2 浪運行週期的時間跨度大，也不能盲目地進場，需要等待機會的到來。

⑷ 第 3 浪是在前面第 1 浪和第 2 浪的基礎上產生的主推動浪，只要前面的基礎扎實，第 3 浪的走勢完全有可能出現連續的暴漲行情，因此遇到這種情況時，就要毫不猶豫馬上跟進。簡而言之，就是在第 3 浪暴漲時勇敢追漲。

❖ 抓住 5 波主升段

第 5 波是推動浪的末端，是構成市場的頂部階段，也是主力構築拉高出貨的最後階段，它的幅度大多小於第 3 波。第 5 波出現震盪的情形較少，因為市場處在一片仍然看好的極度樂觀投機氛圍之中。這是由於主力在前期的上升中，沒有及時全部出貨手中的籌碼，在第 5 波的上升中主力，便借助股價上漲的趨勢進行欺騙，故意製造股價上漲的假象，從而實現籌碼的最後出貨。

第 5 波通常與第 1 波等長，或上升目標是第 1 波至 3 波升幅的 0.618 倍。若第 5 波傾斜三角形出現，則後市會急轉直下，快速下跌到傾斜三角形的起點；若第 5 波高點達不到第 3 波的高點，則形成雙重頂形態。

但是在實戰操作中，主升段出現在第 5 推動浪的例子也不在少數，因此抓住第 5 浪的行情，也可以獲得豐厚的獲利。

如圖 3-19 東寶生物（300239）的 K 線圖所示，該股的主升段就發生在第 5 推動浪中。該股上市後就被實力強大的主力相中，成功探明底部後開始向上爬高，完成了前面三個浪形的走勢後，進入第 4 浪調整走勢。然後，進入第 5 浪上漲，由於前面蓄勢整理充分，第 5 浪出現暴漲式主升段行情，在整個推動浪中屬於漲幅最大的一波行情。

一般而言，第 5 波比第 3 波來得更平和，而且第 5 波也很有可能發生擴延波。由於第 5 波上升的動力有限，上升勢頭沒有第 3 波強烈，加上第 5 波

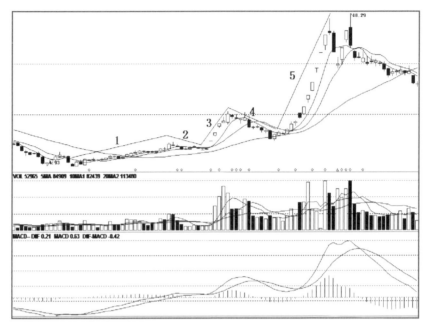

▲ 圖 3-19　東寶生物（300239）日 K 線圖

有可能發生波浪的延長，因此對第 5 波的判斷就比較困難。那麼，怎樣判斷
第 5 浪是否具有投資價值呢？投資人應好好掌握以下的技術重點。

（1）掌握第 5 浪的一般形態特徵：通常第 5 浪有兩種運行方式，一種是
單波式上漲，股價一氣呵成，一步到位，出現滯漲即是頭部；另一種是第 5
浪出現延長浪走勢，掌握浪形節奏，在第 5 子浪出場。

（2）觀察第 3 浪的上漲情況：第 3 浪的上漲情況直接關係到第 5 浪的上
漲空間大小，如果第 3 浪已經經過了大幅率的上漲，那麼第 5 浪發生大幅度
上漲的可能性不大；如果第 3 浪上漲空間有限，那麼第 5 浪就有期待的價值。

（3）觀察第 4 浪的運行情況：由於第 5 浪是第 4 浪後發生的，那麼第 4
浪的發展情況對第 5 浪就有直接的影響了。這裡第 4 浪的兩種表現方式，將
具有關鍵作用。

第一種是以溫和的方式調整：此為第 4 浪以一種相對溫和的方式展開的
調整，前提是第 3 浪發展得不怎麼充分，其形態以平台形和三角形居多，這
樣的調整的結果會是小幅回落，保持技術面的完美形態和維持市場人氣的目

的，此為第 5 浪的發展提供了機會；同時也可以理解為主力等待大盤止穩回升，或者等待利多消息的出貨。這種方式調整的第 4 浪，往往給第 5 浪帶來巨大的上漲想像空間。

第二種是深幅下跌走勢：第 5 浪上漲，是由於第 4 浪大幅下跌所跌出來的反彈行情，更具體地說有一種超跌反彈的意味在裡面，因此第 5 浪的上漲幅度可能有所減弱。

⑷第 5 浪的上漲離不開成交量的支持，量價配合是最好的盤面表現形式。在第 5 浪行情中成交量過大或過小，均會引起變盤的可能。若成交量大幅放大，疑似主力暗中出貨，謹防股價向下反轉；若成交量太小，為虛漲聲勢而已，小心頭部形成。

⑸第 5 浪上升中成交量減少、技術指標背離、績優股和領頭羊板塊上升乏力、垃圾股雞犬升天，是第 5 浪的典型特徵。第 5 浪通常與第 1 浪等長，或上升目標是第 1 浪至第 3 浪的 0.618 倍。若第 5 浪以傾斜三角形出現，則後市會急轉直下，快速下跌至傾斜三角形的起點。若第 5 浪高點達不到第 3 浪高點，則形成雙頭形態。由於第 5 浪後勁不足、強度有限，因此投資人應小心對待。

❖ 抓住 B 浪大行情

B 浪是下跌趨勢的反彈行情，也是對 A 浪下跌後的技術修復，更是投資人的最後出逃機會。但如果能抓住 B 浪反彈行情，不亞於一波完整的主升段行情的收益，有時反彈的幅度會漲到第 5 波的最高點附近（甚至於略微超過），再加上部分技術指標再度走好，並出現買進訊號，使得 B 浪的反彈行情十分重要。

如圖 3-20 寶信軟件（600845）的 K 線圖所示，該股完成 5 個推動浪後，進入 A 浪調整，然後出現 B 浪反彈行情，B 浪反彈幅度超過 50％，可見反彈行情收益也不錯。

需要提醒的是，B 浪是 A 浪下跌後的反彈行情。從中長線來看，這裡強調的是要抓住 B 浪反彈清倉，而不是強調利用 B 浪進行建倉。其原因有三：一是 B 浪的產生具有很大的偶然性，不應指望 B 浪有很大的漲幅；二是 B 浪的走勢很詭異，不易掌握；三是 B 浪是主力拉高出逃的機會，通常會說

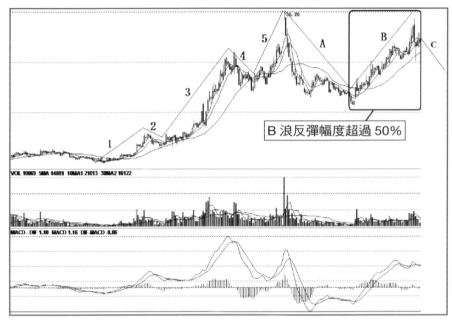

▲ 圖 3-20　寶信軟件（600845）日 K 線圖

B 浪是最後的逃命機會。

　　B 浪的操作主要是在前期尚有籌碼沒有賣出去的情況下，借用 B 浪來達到出貨目的，從而實現損失的最小化。根據股市的一般規律，以 B 浪的反彈主要分為兩種：即強勢反彈和弱勢反彈。

　　抓住 B 浪的反彈機會退出，是避免損失加重的最後機會，這是研判 B 浪的主要作用。由於 B 浪的運行多數是主力的刻意行為，主力往往是運用 B 浪的假性上漲，造成股價重新步入升勢的假象，以此走勢欺騙一般投資人盲目跟進，並賣出自己手中的籌碼，達到出貨離場的目的。因此在具體操作中，尋找在 B 浪階段逢高出逃就要選擇較好的時機，一旦市場表現不佳，就得義無反顧地賣出手中的籌碼，否則後面的損失就會更大。

　　那麼，怎麼判斷 B 浪反彈的頂部呢？大致可用以下 4 點來判斷。

　　(1) 股價接近前面的高位區間，即到達 A 浪的起點附近時，立即賣空操作。在 B 浪的頂部區間之內出售手中的籌碼，這麼做才能有效地迴避 C 浪出現的大幅度下跌。

(2) 連續收出帶長上影線的 K 線圖，或烏雲蓋頂、黃昏之星、三隻烏鴉等頂部看跌 K 線形態，這是主力拉高出貨的常見 K 線形態。

(3) 成交量在此進一步放大，這是因為主力賣出籌碼，大量投資人被騙入場接收主力籌碼。

(4) 倉位不宜過重：有時 B 浪在 A 浪深度下跌後，會出現較大的超跌反彈行情，這樣的反彈行情還是可以期待的，但是參與操作時的倉位不宜過重，一般控制在 50% 以下的倉位。

(5) 如果 A 浪調整呈現 3 浪下跌，後市下跌力道較弱，接下去的 B 浪反彈會上升到 A 浪的起點或創新高。若 A 浪是 5 浪下跌走勢，表示主力對後市看淡，B 浪反彈高度僅能到 A 浪跌幅的 0.382、0.5 或 0.618 倍。A 浪下跌的形態，往往是研判後市強弱的重要特徵。

❖ 數浪不可違的天條

艾略特在波浪理論中，提出幾個不可違背的數浪定律後，美國的波浪大師普拉克強調，至今為止，他還沒有找到任何理由來懷疑這些規律的可靠性。而由其構成波浪理論的基礎，直接影響數浪的正確與否，因此投資人必須牢牢掌握這些鐵律。

(1) 在 1、3、5 三個浪中，第 3 浪絕對不是最短的浪，而往往都是最長的浪，且成交量大增。

(2) 第 2 浪的低點不能低於第 1 浪的起點。

(3) 第 4 浪的底不能與第 1 浪的頂重疊。但出現在傾斜三角形中的第 5 浪中的次一級（4）可以低於（1）的浪頂，這是波浪理論的唯一特例。

(4) 調整浪中的 C 浪必定可細分為五個次一級的浪，即 C 浪必須以 5 個子浪運行，且 C 浪運行有相當的破壞性。

(5) 第 4 浪大都以盤整形態出現，呈現出三角形和矩形整理等。

(6) 不管上升或下跌趨勢如何，第 5 浪的幅度通常比第 3 浪小，且其漲跌速度是最快的。但當第 5 浪為延伸浪時，其漲跌幅度則是最長的。

❖ 波浪的預測與修正

第 1、3、5 浪稱之為推動浪，第 2、4 浪稱之為修正浪。第 1 浪為第 2 浪所修正，第 3 浪為第 4 浪所修正，整個上升五浪則為 A、B、C 所修正。修正浪的形態一般較難分辨，但有一個大原則絕對不可以違反，就是形態絕對不可能是 5 個波浪，唯有推動浪才是五浪行進，若一個和較大的趨勢背離的五浪出現，絕不是意味著一個修正浪完結，反而只是修正浪的一部分。

波浪理論的預測與修正方法極為複雜而不容易瞭解，經過整理歸類之後，列出如下 9 大原則。

(1) 無論多頭市場還是空頭市場，如果第 1 波和第 3 波長度大致相當，而且第 5 浪成交量比第 3 浪大時，第 5 波很有可能出現一個擴延波。這種情況尤其以第 5 波的成交量大於第 3 波的成交量時，發生的可能將會更高。

第 1 波若是一個簡單的形態結構，如果延伸浪出現在第 3 浪時，那麼第 5 浪形態較簡單，其長度和時間與第 1 浪相當。

衍生擴延波經常出現在期貨市場的多頭行情中，至於在股市中，則以在第 3 波出現衍生擴延波的情形略多一些。

(2) 上升五浪走完後，如果第 5 波是個擴延波時，那麼接下來的 A、B、C 調整波中，B 浪極有可能創出新高。至於這個上漲後多頭市場是否將會結束，則需視當時的市場情形而定。一旦出現這種情況，隨後的 C 浪必有大跌。但在實戰操作中，即使第 5 浪不發生延長，B 浪也有可能創出新高。

(3) 如果在多頭市場的第 5 波是個擴延波，而在這個擴延波的第 5 波又出現衍生擴延波時，隨後的 A 波將會跌到這個擴延波的第（2）波的低點附近，而 C 波將會跌到這個衍生擴延波的起點（即第 4 波低點）附近。

(4) 楔形形態大部分出現在第 5 波，出現在第 3 波的例子比較少見。因此如果股價形態出現楔形形態時，幾乎都可以認定目前是處在第 5 波的階段，對於行情應該特別注意。

(5) 在多頭市場階段，有時會有第 5 波高點竟比第 3 波高點還低的情形出現，這是第 5 波失敗的例子，亦即為「未完成的第 5 波」。多頭市場未完成的第 5 波，表示潛在賣壓已經轉強，為行情將由上漲轉為下跌的徵兆，亦即為道氏理論中所稱的雙重底或雙重頂。

出現這種情況時，需要特別注意未完成的第 5 波之後的第 2 波高點，絕

對不能高於第 1 波的起點，否則即意味著波數的計算可能有所錯誤。在空頭市場中，則相反。

(6) 修正浪絕對是 A、B、C 三浪，而不能是五浪。因此股價形態若只有三波時，絕對可以判定它是修正波而不是衝擊波，這點必需特別注意。

(7) 波浪的交替原則：不論在空頭市場還是多頭市場中，第 2 波和第 4 波有很強的互換性，如果第 2 波是個簡單的形態，第 4 波就很有可能是個複雜的形態，反之亦然；時間方面也是如此，若第 2 波調整時間過長，則第 4 波調整時間就比較短。這是波浪理論的「交替原則」。

也就是說，修正波可以分為鋸齒形、平台形、三角形和複合形等四種基本形態。基於「交替原則」，如果第 2 波是鋸齒形的話，第 4 波大部分會以其他三種形態的任一個形態出現，而不會以和第二種重複的鋸齒形態出現，因此如果第 2 波是平台形的話，第 4 波很可能是鋸齒形或三角形。另外在 A、B、C 結構的修正波中，比較靠近的二波，也經常會以這種形態出現，如 A 波若是平台形的話，B 波即很有可能為簡單的鋸齒形。

(8) 在多頭市場時，如果第 3 波為擴延的話，在這個擴延的第（4）波的最低點，經常會產生較大支撐。因此第 4 波的最低點，經常會跌到這個擴延波的第（4）波的最低點附近。

(9) 劃趨勢線也為波浪理論重點之一，艾略特認為由於趨勢線的劃出，可作為測量未來價格上漲或下跌的目標，並可用來確認波浪結構是否完成。

趨勢線劃法說明如下：多頭市場時，首先從第 1 波與第 2 波的最低點，劃出一條原始上升趨勢線，再根據第 1 波的高點，劃出一條與原始上升趨勢線平行的輔助趨勢線。如果第 3 波大幅度上漲，超過這條輔助趨勢線時，則必需根據第 1 波高點與第 2 波低點，隨時重新劃出新的趨勢線。

最後正式的趨勢線是由第 2 波和第 4 波的低點，以及第 3 波的高點所劃出的，但是如果第 3 波是擴延波時，最後正式的趨勢線應由第 2 波和第 4 波的低點，以及第 1 波的高點劃出。艾略特認為，第 5 波的高點，應該是在接近於最後正式趨勢線的上限附近。

但艾略特又作另外補充，認為如果第 5 波趨近這個上限時的成交量，出現遞減現象的話，表示這個上限附近的壓力較重，第 5 波的高點有可能會低於這個上限目標；如果第 5 波趨近這個上限時的成交量，出現大量增加現象的話，這個上限附近，正有可能成為較低次的第 4 波，讓第 5 波的最高點往

上突破繼續上漲，這點必須注意。至於空頭市場時趨勢線的劃法，與上述相反。

❖ 波浪的比率與時間

波浪理論的比率和時間分析，是根據「黃金分割率」用「費波納西數例」等數位演變而來的，可歸納為以下 15 個原則。

(1) 艾略特用以作推算波浪間的比例，大致是：推動浪偶爾會延伸，常見在第 3 浪或第 5 浪出現，另外兩個沒有延伸的波浪，它們的發展時間與價格，幅度相等。也就是說，如果第 5 浪延伸，第 1 浪和第 3 浪的長度應該大約相等，如果第 3 浪延伸，第 1 浪與第 5 浪的長度應該大約相等。

至於第 2 浪等於第 1 浪的 0.382、0.5、0.618 倍，或接近於 1 倍。

(2) 次級波的階段（較小形態），在 1、3、5 這三個波段中，經常會有兩波運行的時間大致相同，而幅度也大致相等的特性。這種特性尤其是在三波中，有一波（最好為第 3 波）是擴延波時的準確性將會更高，第 3 波為擴延波，第 1 波和第 5 波所上漲的幅度大致相同，第 1 波和第 5 波所進行的時間也大致相同。

(3) 大形波的階段（較大形態），在 1、3、5 這三個波段中，經常會有兩波出現時間和幅度的比率關係，大約為 1：0.618 的特性。這種特性尤其是在這三波中，有一波（最好為第 3 波）是擴延波時的確認性將會更高，第 3 波為擴延波，第 5 波所上漲的幅度和所進行的時間，都大約為第 1 波的 0.618 倍。

(4) 由於第 3 波有著最長的一波的特點，因此可以用第 1 波的幅度（價差）去乘以 1.618 倍，然後再以第 2 波的最低點，加上前面所求得的數位，作為第 3 波高點的預測能力最小漲幅。根據不同的市況，第 3 浪的至少目標等於第 1 浪的 1.382、1.618、2 或 2.5 倍。如果第 3 波是擴延波，則有可能達到第 1 波的 4.36 倍。

(5) 第 4 波的回檔幅度，大約有三個重要位置：一是回檔到第 3 波的 0.382 位置；二是回檔的幅度可能與第 2 波相等；三是如果第 3 波為擴延波，則有可能回落到擴延波的第（4）波的低點附近。

(6) 第 5 波的預測能力最小漲幅為第 1 波的起點加上第 1 波的幅度（價

差）去乘以 1.618 倍再乘以 2。公式為：第 5 波最小漲幅＝第 1 波起點＋（第 1 波高點－第 1 浪低點）×1.618×2。

　　第 5 波的預測能力最大漲幅為，第 1 波的高點加上第 1 波的幅度（價差）去乘以 1.618 倍再乘以 2。公式為：第 5 波最大漲幅＝第 1 波高點＋（第 1 波高點－第 1 浪低點）×1.618×2。

　　預測第 5 波高點的另一個方法是，第 4 波最低點的價格乘以 0.618，再用第 3 波的最高價加上前面所求得的數字。比如，第 3 波高點為 50 元，第 4 波最低點為 40 元，40 元 ×0.618=24.7 元，50 元 +24.7 元 =74.72 元，因此第 5 波的最高價應該會在 74.72 元附近。

　　(7) 如果第 1 波與第 3 波的幅度大致相等時，那麼第 5 波很可能就是一個擴延波。可以將第 1 波起點至第 3 波高點的幅度乘以 1.618，再從第 4 波的最低點，加上前面所求得的數字，作為第 5 波的目標價格，而在這個目標價格附近賣出。

　　(8) 在對稱三角形中，每一波的長度大約是前一波的 0.618 倍。如 B 波的長度大約為 A 波長度的 0.618 倍，C 波為 B 波長度的 0.618 倍。

　　(9) A 浪的調整目標是整個五浪推動浪的 0.23、0.382 或 0.5 倍。

　　(10) 由於 A 浪通常是以三浪或五浪方式的形式下跌，因此 B 浪的走勢就與此有著極為密切的關係。如果 A 浪以三浪形式下跌，則 B 浪可能會反彈到 A 浪的 1.236 倍或 1.382 倍，反彈創出新高點。如果 A 浪只有一浪或者以五浪形式下跌，則 B 浪可能會反彈到 A 浪的 0.5 倍處，或者 A 浪的 0.382 和 0.618 倍處，為弱勢反彈行情。

　　(11) 在修正波中，計算 C 波低點目標的方法，經常是用 A 波的幅度乘以 0.618 倍，再從 A 波的最低點，減去這個所求得的數字。計算公式為：C 波低點 =A 波低點－（A 波幅度 ×0.618）。

　　(12) 如果修正波是一個 2-2-5 的平台形態，由於 B 波的高點比較高（有時會到達或略微超過 A 波高點），因此 C 波的低點目標，大約等於從 B 波的高點減去 A 波的幅度乘以 1.618 倍。計算公式為：C 波低點 ＝B 波高點－（A 波幅度 ×1.618）。

　　(13) 修正浪（A、B、C），若呈 5-2-5 鋸齒運行，C 浪的長度經常與 A 浪長度大致相等。此外，量度 C 浪的下跌目標，也可以先計算 A 浪的長度，乘以 0.618，由 A 浪底部向下量度出目標位。

⒁ 較常用到的費波納西幅度數位為：0.236（0.382×0.618）、0.382、0.5、0.618、0.67、2/3 及 1、100%。修正波回檔幅度，經常恰恰為前面上升幅度的費波納西數字，比如A波漲100個指數點，B波回檔的幅度，可能為23點，或 38 點，或 50 點，甚至回檔 100 個指數點。

⒂ 如果第 1 波是擴延波時，第 5 波之後回檔的幅度最多不能低於第 2 波的最低點，也就是說，在第 2 波最低點附近的支撐力量將會得到特別強。

3-5

從「指標」中捕捉主升段

　　一輪行情中漲幅最大、上升速度最快的行情為主升段，主升段比較類似於波浪理論中的第 3 浪。往往在大盤強勢調整後迅速展開，它是一輪行情中投資人的主要獲利階段，屬於絕對不可以錯過的「黃金時段」。從技術指標角度來看，投資人可捕捉到主升段的暴利階段，其行情具有以下確認標準。

❖ 從 RSI 指標中捕捉主升段

　　RSI 指標是透過比較一段時間內收盤價的漲跌變化情況，來分析測量多空雙方買賣力量的強弱程度，從而判斷未來股市走勢的一種技術指標。能夠相對測量股價本質的強與弱，根據「擇強汰弱」的原則，為投資人過濾弱勢股、選擇強勢股，因此用它來研判主升段具有重要意義。

1. 交叉訊號的產生和終結
　　RSI 指標在圖形上看起來比較凌亂，根據筆者多年的實戰經驗，以下向讀者介紹 RSI 指標一個完整訊號的產生與終結，這有助於完整把握一波主升段行情。

　　RSI 指標完整一個強勢訊號的產生，應當從弱勢區黃金交叉後，向上運行到強勢區，為一個強勢訊號的形成，一輪行情的產生。訊號在強勢區域持續一段時間（此時股價不斷往上漲），從強勢區死亡交叉後，向下運行到弱勢區，為一個強勢訊號的終結，一輪行情的結束，同時又是一個弱勢訊號的產生。

　　RSI 指標的圖形特徵為：6 日 RSI 線從 20 以下，向上黃金交叉 12 日 RSI 線後，分別成功有效穿過 50 強弱分界線，在強勢區域運行一段時間以後，6 日 RSI 線從 80 以上，向下死亡交叉 12 日 RSI 線後，分別成功有效擊穿 50 強弱分界線。

　　一個訊號從產生到終結的持續時間長短不一。有的持續幾天就結束，如反彈行情、主力自救行情、受消息影響產生的震盪行情等；有的持續幾週甚至幾個月，如大牛股、強勢主力股等。在訊號持續期間，裡面有許許多多疑似買賣訊號的圖形，但中間的圖形對判斷行情沒有實質幫助，投資人可以不必去理會（許多失誤發生在此），只有訊號在生成和終結時出現的圖形才具有實質性指導意義。

　　因此，把握住訊號的生成和終結，就能夠掌握市場買點和賣點。如果是短線技術高手，可以在訊號持續期間根據順勢操作的原則，進行一些短線操作則收益更豐。

　　在一輪行情中，可能只出現一個完整的強勢訊號，也可能出現多個完整的強勢訊號。如在洗盤過程中，可以先將強勢訊號終結，也可以將強勢訊號持續到最後。一個訊號終結之後，不一定立即產生一個相反意義的訊號，可能出現無意義訊號，如盤整行情。同時，一個強勢訊號的產生也可能來自於無意義的訊號。

　　如圖 3-21 海航創新（600555）的 K 線圖所示，該股經過長時間的大幅調整後，成功脫離底部區域，產生慢牛式主升段行情。從 RSI 指標中可以看，6 日 RSI 線與 12 日 RSI 線低位黃金交叉後，產生一個多頭買入訊號，從此股價盤升而上。

　　然後在上漲過程中，RSI 指標回落擊穿 50 強弱分界線，出現疑似結束訊號，但由於是上升趨勢中的洗盤行為所致，所以股價繼續強勢上漲。直到股價見頂後，RSI 指標再次擊穿 50 強弱分界線時，這個疑似結束訊號轉換一個有效的結束訊號，此時應及時離場觀望。

　　如圖 3-22 金卡智能（300349）的 K 線圖所示，該股洗盤調整結束後，進入上升通道，形成一波主升段行情。RSI 指標同步出現一個多頭訊號，然後股價震盪上升，不久 K 線在高位構築一個「黃昏之星」形態，此時應退出或減倉，隨後股價遇 30 日均線支撐而出現反彈，但反彈強度有限，此時應清倉操作。隨後 RSI 指標出現終結訊號，股價進入中期調整走勢。

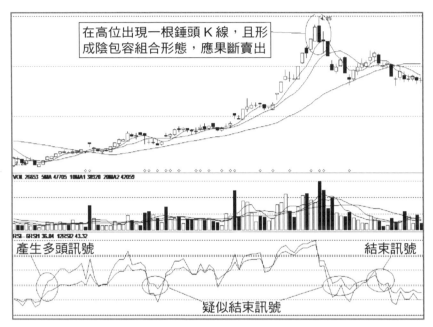

在高位出現一根錘頭 K 線，且形
成陰包容組合形態，應果斷賣出

產生多頭訊號

結束訊號

疑似結束訊號

▲ 圖 3-21　海航創新（600555）日 K 線圖

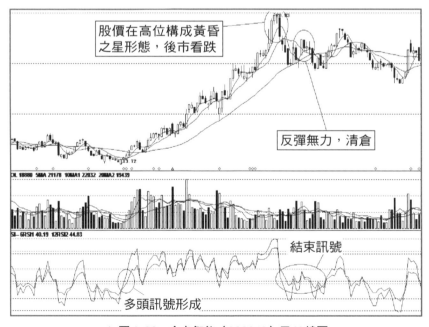

股價在高位構成黃昏
之星形態，後市看跌

反彈無力，清倉

結束訊號

多頭訊號形成

▲ 圖 3-22　金卡智能（300349）日 K 線圖

RSI 指標的兩條曲線相交頻繁，有時很難辨認，常常導致判斷失誤。而導致失誤的一個重要原因，就是對交叉訊號的產生和終結還不甚瞭解，許多散戶只知道短期 RSI 指標的黃金交叉和死亡交叉，卻不知道交叉訊號的產生和終結及交叉訊號是否有效。上述僅以強勢訊號的產生和終結為例作分析，弱勢訊號就不作實例講解，投資人可結合實盤進行分析總結。

2. 交叉訊號的確認方法

在實戰操作中，如何確認 RSI 指標交叉訊號是否有效，以及訊號是否在持續中，又是一大技術難題，經典的確認方法如下。

在訊號生成時，6 日 RSI 線在低位（20 以下）與 12 日 RSI 線黃金交叉後上行（其黃金交叉點在 20 左右更佳），並成功突破 50 強弱分界線（經確認有效），到達強勢區域（6 日 RSI 線在 80 以上為佳）。RSI 線黃金交叉後在 50 線下方盤旋，沒有突破 50 線或突破後很快返回 50 線之下，尤其是 12 日 RSI 線必須突破 50 線，6 日 RSI 線到達 80 以上才可靠。

在訊號持續時，12 日 RSI 線在強勢區有效盤穩；6 日 RSI 線回檔時不能有效跌破 50 線，即使跌破也要很快拉起；6 日 RSI 線回檔時拒絕死亡交叉 12 日 RSI 線，則市場更加強勁。

在訊號終結時，6 日 RSI 線在高位（80 以上）與 12 日 RSI 線死亡交叉後向下（其死亡交叉點在 80 左右更佳），並成功穿過 50 強弱分界線（經確認有效），到達弱勢區域（6 日 RSI 線在 30 以下為佳）。

如果 RSI 線觸及 50 線後返回上行，並在強勢區盤旋，無論位置高低，都表示強勢訊號還沒有結束。或者，RSI 線沒有成功下穿 50 線或下穿 50 線後很快拉起，也表示行情仍然處於強勢之中，投資人可以一路持股，直到訊號終結。

如圖 3-23 岳陽興長（000819）的 K 線圖所示，從該股走勢圖中可以看出，RSI 指標交叉訊號的產生和結束的確認方法，以及有效訊號持續中的盤面現象，非常容易辨認。當投資人對 RSI 指標得到確認後，短線就可以大膽地進出了。

3. 50 強弱分界線的運用

一般來說，當 RSI 指標向上突破 50 強弱分界線時為強勢特徵，當 RSI

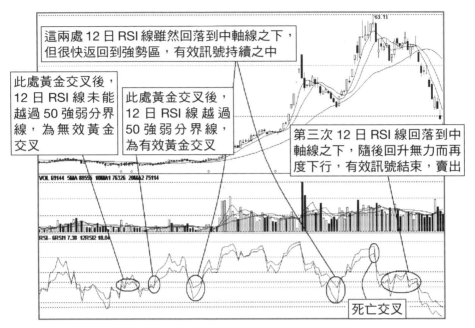

這兩處 12 日 RSI 線雖然回落到中軸線之下，但很快返回到強勢區，有效訊號持續之中

此處黃金交叉後，12 日 RSI 線未能越過 50 強弱分界線，為無效黃金交叉

此處黃金交叉後，12 日 RSI 線越過 50 強弱分界線，為有效黃金交叉

第三次 12 日 RSI 線回落到中軸線之下，隨後回升無力而再度下行，有效訊號結束，賣出

死亡交叉

▲ 圖 3-23　岳陽興長（000819）日 K 線圖

指標向下突破 50 強弱分界線時為弱勢特徵，這一點很容易辨認。技術難點在於突破後的運行趨勢及突破後的有效確認，僅僅是 RSI 線越過 50 強弱分界線之外，還必須要求持續向突破方向運行才有力，或維持在 50 強弱分界線上方運行，訊號可靠性才高。

　　RSI 指標的突破角度必須有力，若太平坦則訊號的可信度較差。RSI 指標突破後很快返回到突破前這一邊的，訊號的可信性更差。在股價回檔時不能越過 50 強弱分界線的為佳，如果不能越過 50 強弱分界線，反映突破無效或突破無力，甚至是假突破，後市走勢值得懷疑。

　　RSI 指標突破 50 強弱分界線後，在突破後的另一邊運行一段時間，然後 RSI 指標返回到突破前的這一邊，經短暫的運行後再次到達突破後的另一邊，表示洗盤或反彈結束，股價將出現新一輪漲升行情或新一輪下跌走勢。

　　如圖 3-24 德奧通航（002260）的 K 線圖所示，從該股走勢圖中可以看出，初期 RSI 指標在突破 50 中軸線後，沒有持續向突破方向上行，角度過於平坦，顯示主力力不從心，後市只能回落。之後的突破走勢就與前面初期

走勢明顯不同，突破後持續強勢上行，角度陡峭，氣勢強盛有力，就是一次
有效的突破。此後 RSI 指標曾兩度回落到 50 中軸線附近，經短暫的運行後
快速返回到中軸之上，表示洗盤整理結束，股價將進入加速上漲階段。

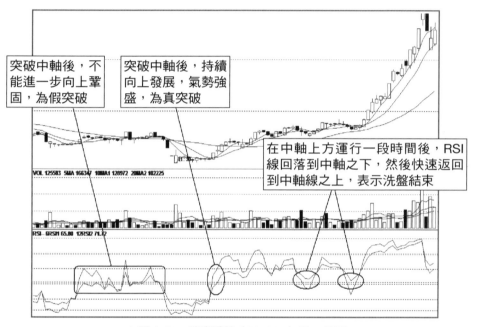

▲ 圖 3-24　德奧通航（002260）日 K 線圖

4. RSI 指標結合均線分析

　　RSI 指標出現交叉訊號時，也要觀察均線方向。在一輪趨勢行情中，
RSI 指標訊號與均線同向的，訊號可信度高；與均線逆向的，為疑似訊號。

　　股價在均線之上，尤其是 30 日均線向上運行時，RSI 指標的黃金交叉
訊號，其準確率較高，而此時 RSI 指標的頂部訊號，其準確率較差。

　　股價在均線之下，30 日均線向下運行時，RSI 指標的底部形態訊號，其
準確率較差，而見頂訊號的準確率較高。30 日均線平行運行時，RSI 指標
的所有訊號均較差，應結合其他因素綜合分析。

　　當然，用這種方法研判主升段時，就是不能買在最低價，也不能賣在最

高價，可以結合均線、成交量、漲跌氣勢和股價位置及主力意圖克服這個缺點，並參考其他技術指標一起研判，效果會更好。

❖ 從 KDJ 指標中捕捉主升段

　　KDJ 指標的最大特點就是具有動量指標、相對強弱指標和移動平均線這三大技術指標的優點，從而形成了非常有效的短線買賣訊號。它在實戰操作中應用相當廣泛，尤其是可以作為短線投機操作的重要利器之一。以此在捕捉主升段時，應掌握以下兩個技巧。

1. 日線 KDJ 短線技巧

　　(1) 鈍化訊號：由於 KDJ 指標的數值永遠恆定於 0~100 的區間波動，這就有可能產生一種特殊的現象——鈍化。也就是說，KDJ 指標的數值已經到頂而無法超越 100（或已經躺底而無法低於 0），而此時行情卻同樣在激烈地變化著，這必然會給 KDJ 指標判別行情帶來盲點。這種現象多發生在超強勢個股或超弱勢個股裡，投資人應謹慎操作，防止過早買入或賣出造成不必要的損失。

　　在主升段行情中，當 KDJ 指標反覆高位鈍化時，股價卻依然強勢上漲，此時投資人不要以為 KDJ 指標鈍化而貿然出場，可以堅定地持股，最大限度地獲取主升段的利潤，等到 KDJ 指標跌入超賣區時，要對主升段即將結束有所警覺。

　　如圖 3-25 東方通信（600776）的 K 線圖所示，2018 年 10 月 19 日，該股 KDJ 指標值在 20 左右黃金交叉後，一路向上到達超買區，然後出現高位鈍化。11 月下旬，出現一次洗盤整理過程，然後股價繼續上行，KDJ 指標再次在高位出現持續鈍化，但此時的主升段行情才剛剛啟動。

　　如果按照「鈍化」賣出的原則，就會損失後面的一大截利潤。此時，應堅定地持股，直到 KDJ 指標回落到超賣區後，主升段才有可能結束。投資人遇到這種情況時，也可以採用其他技術分析方法進行研判。

　　(2) 洗盤訊號：KDJ 指標從底部黃金交叉向上，股價從低位啟動出現小幅上漲，KDJ 指標快速進入強勢區。由於主力洗盤手法怪異，J 線、K 線快速回檔跌破 D 線形成死亡交叉，D 線基本維持原來的向上趨勢或小幅回落

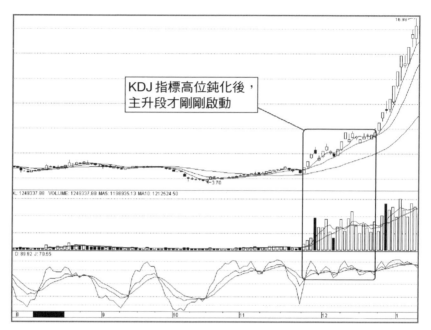

KDJ 指標高位鈍化後，
主升段才剛剛啟動

▲ 圖 3-25　東方通信（600776）日 K 線圖

到 50 左右。在 3~5 個交易日內，J 線、K 線再次快速黃金交叉 D 線（第二次黃金交叉），D 線持續上行，在圖形上出現一個「蘿蔔坑」形態，說明股價洗盤結束，進入主升段階段。在實際操作中，第二次黃金交叉介入的意義比第一次黃金交叉更大、更具有上漲空間。通常大牛股、大黑馬在啟動前會出現這種圖形，投資人可在實盤中加以驗證。

　　如圖 3-26 誠邁科技（300598）的 K 線圖所示，該股主力完成建倉計畫後，開始向上運行，KDJ 指標低位發生黃金交叉後到達強勢區。2018 年 3 月，主力進行洗盤換手，股價出現小幅回落，KDJ 指標快速形成死亡交叉，J 線、K 線在 D 線之下作短暫停留後，在 3 月 21 日再次向上快速穿過 D 線形成黃金交叉，在指標圖形中形成一個「蘿蔔坑」形態。這種形態標誌著洗盤整理結束，然後出現主升段行情。

　　(3) 背離訊號： KDJ 指標中的 KD 兩線在低位底背離後再黃金交叉，是絕對的買入訊號。KD 線底背離後的上升行情，比沒有底背離而只是超賣後的上升訊號，其強度要強。同樣地，KDJ 指標在高位頂背離後再死亡交叉，

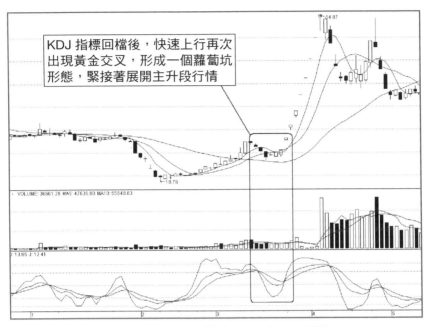

KDJ 指標回檔後，快速上行再次出現黃金交叉，形成一個蘿蔔坑形態，緊接著展開主升段行情

▲ 圖 3-26　誠邁科技（300598）日 K 線圖

是絕對的賣出訊號。KD 線頂背離後的下跌行情，比沒有頂背離而只是超買後的下跌訊號，其強度要大。

2. 週線 KDJ 短線技巧

　　(1)J 線應用技巧：被許多人忽視的週 KDJ 中的 J 線，但 J 線對股價的反應最為敏感，而且較為準確，應多加重視。

　　週 J 線在 0 值以下反轉向上，且收週陽 K 線時，可分批買入。股價在 30 週均線上方運行的多頭市場中更是如此。同樣，週 J 線上行到 100 以上反轉向下，且收週陰 K 線時，要警惕頂部出現，應先行減倉。股價在 30 週均線下方運行的空頭市場中更是如此。

　　股價在 30 週均線下方運行的空頭市場，週 J 線經常會在 0 值下方鈍化，此時，不要馬上採取買入行動，而是要耐心等待週 J 線反轉向上，且收週陽 K 線方可買入。同樣，股價在 30 週均線上方運行的多頭市場，週 J 線在 100 以上經常會出現鈍化。此時，不要馬上採取賣出行動，要耐心等待週 J

175

線反轉下行，且收出週陰 K 線方可採取賣出行動。

如圖 3-27 深天地 A（000023）的 K 線圖所示，從該股的週線圖中可以看出，圖中這根週 K 線為陰線，但收於 30 週均線上，KDJ 指標中的 J 值為 –0.52。下一週為週陽線，KDJ 指標中的 J 線向上反轉，即從 0 值以下反轉向上，股價得到 30 週均線支撐，構成短線較好的買點。

(2) **週 KDJ 線黃金交叉**：週 KDJ 中的 J 線在 0 值下方上行與週 KD 線黃金交叉時（20 附近更好），一波中級行情便會產生。若此時日線 KDJ 也黃金交叉，要果斷買入。若日線 KDJ 死亡交叉，則要等其調整後黃金交叉時方可介入，以免短線套牢。

通常，黃金交叉之後，週 J 線一般都會上行到 100 以上，強勢市場還會在 100 以上鈍化。期間也會有週陰 K 線出現，那只是上升行情中的調整。

如圖 3-28 梅雁吉祥（600868）的 K 線圖所示，該股 J 線在低位鈍化一段時間以後，從 0 值以下開始向上，在圖中這一週 J 線在 20 附近黃金交叉 KD 線，黃金交叉之後 J 線上行到 100 以上，構成短線買入訊號。此後 J 線一路上行到 100 以上產生鈍化，股價強勢上漲，此時投資人可以堅定持股做多。

3. 日線與週線共振訊號

日線 KDJ 是一個敏感指標，變化快、隨機性強，經常發生虛假的買賣訊號。運用週線 KDJ 與日線 KDJ 共同黃金交叉買入，就可以過濾掉虛假的買入訊號，其買點有如下 3 種。

(1) 提前買入法：在實戰操作時，往往會碰到這樣的問題，由於日線 KDJ 的變化速度比週線 KDJ 快，當週線 KDJ 黃金交叉時，日線 KDJ 已提前黃金交叉幾天，股價也上升了一段，買入成本已抬高。短線投資人可提前買入，以求降低成本。

買入的條件如下，一是收週陽線，週線 K、J 兩線反轉上行，將要形成黃金交叉。二是日線 KDJ 在這一週內發生黃金交叉，黃金交叉當天收放量陽線，若日線 KDJ 黃金交叉當天，成交量大於 5 日均量更好。

(2) 週線 KDJ 剛黃金交叉，日線 KDJ 已黃金交叉買入法。

(3) 週線 K、D 兩線將要死亡交叉時，卻拒絕死亡交叉，而日線 KDJ 形成黃金交叉，其買入的條件如下。

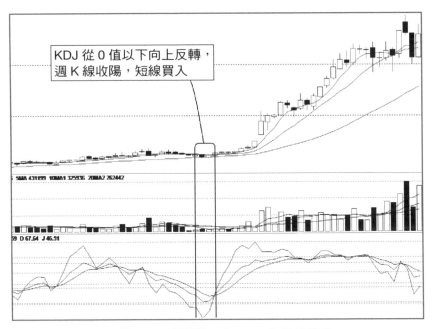

▲ 圖 3-27　深天地 A（000023）日 K 線圖

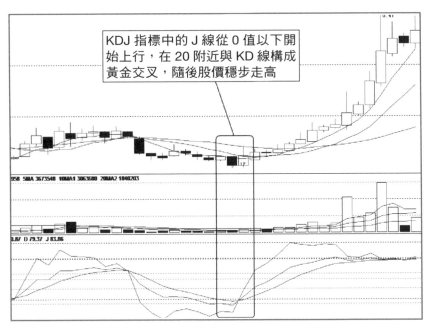

▲ 圖 3-28　梅雁吉祥（600868）日 K 線圖

　　一是週 KDJ 黃金交叉後，股價回檔收週陰線，然後重新放量上行。二是週線 K、D 兩線將要死亡交叉，但沒有真正發生死亡交叉，K 線重新張口上行。三是日線 KDJ 在這一週內黃金交叉。用此方法買入股票，可捕捉到快速強勁上升的行情。

　　如圖 3-29、圖 3-30 桂東電力（600310）的 K 線圖所示，該股週線 KDJ 形成黃金交叉後，因股價洗盤而回落，當週線 KDJ 即將形成死亡交叉時，卻拒絕死亡交叉，而日線 KDJ 又形成黃金交叉。如此，KDJ 的日線與週線出現共振訊號，此時可以在日線 KDJ 黃金交叉當天買入（週線也已經反轉向上），隨後股價出現快速上漲。

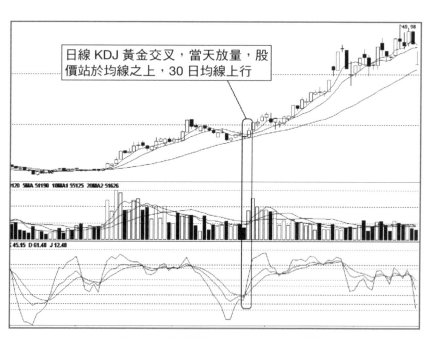

▲ 圖 3-29　桂東電力（600310）日 K 線圖

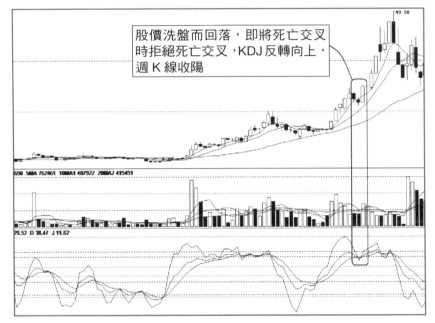

股價洗盤而回落，即將死亡交叉時拒絕死亡交叉，KDJ 反轉向上，週 K 線收陽

▲ 圖 3-30　桂東電力（600310）週 K 線圖

❖ 從 DMI 指標中捕捉主升段

　　動向指標（DMI）被認為是最有效、最可靠的技術指標，在證券市場中使用歷久不衰，投資人一向將其作為重要指標與其他指標一起使用。它是探求價格在上升和下跌過程中，買賣雙方力量的「均衡點」，及價格在雙方互動下波動過程的一種技術分析指標，其最大特點就是能夠準確地告訴投資人未來行情的變化趨勢。用它來捕捉主升段，有兩個訊號效果非常好。

1.「菱形」上漲訊號

　　股價在底部區域或小幅上漲後，+DI 在 -DI 之上運行，突然 +DI 由上向下、-DI 由下向上快速形成死亡交叉，但這時 ADX 和 ADXR 仍然向上延伸或走平，其值在 40 左右。在 4~8 個交易日之間，+DI 再行黃金交叉 -DI，在圖形上留下一個「菱形」形態，這時應立即買入。

　　此種現象多為主力洗盤所為，多數大牛股在啟動前都會發生這種現象，

投資人遇到這種訊號時可以積極做多。

如圖 3-31 深天馬 A（000050）的 K 線圖所示，該股經過長時間的調整後止穩回升，然後出現洗盤震盪走勢。同期的 +DI 由上而下、-DI 由下而上快速形成死亡交叉，這時 ADX 和 ADXR 的值在 30 以上。死亡交叉之後，+DI 在 -DI 之下僅僅運行 1 個交易日。

第三天 +DI 再度黃金交叉 -DI，在圖形上形成一個標準的「菱形」形態，此後回測時 +DI 與 -DI 拒絕死亡交叉，DMI 指標出現雙重利多訊號。隨後 ADX 和 ADXR 也轉為上升走勢，股價突破平台整理區，從而形成一波主升段，短期股價出現較大漲幅。

2. 拒絕死亡交叉訊號

股價經過小幅爬高後，主力為了清洗浮籌而展開調整走勢，+DI 值從 40 左右開始回落，-DI 開始上衝，當兩線即將發生死亡交叉時，卻出乎意料地各自朝相反的方向運行，+DI 與 -DI 拒絕死亡交叉，ADX 或 ADXR 的值在 30 左右。這種現象，表示主力洗盤換手結束，後市可能迎來主升段行情，此時可以積極介入做多。

如圖 3-32 曉程科技（300139）的 K 線圖所示，該股在底部經過長時間的整理後，股價漸漸止穩上行。+DI 在 -DI 之上運行，ADX 和 ADXR 向上發展，表示市場漸漸進入強勢。不久，主力開始洗盤整理，+DI 漸漸下行、-DI 緩緩爬高。

2018 年 6 月 12 日，當兩線即將形成死亡交叉時，卻各自朝相反的方向運行，+DI 與 -DI 拒絕死亡交叉。+DI 向上運行，-DI 向下走低，ADX 和 ADXR 繼續向上爬高，呈現單一向上運行，表示洗盤整理結束，構成較好的買入點。此後，在 20 個交易日裡，股價漲幅超過一倍。

❖ 從 BOLL 指標中捕捉主升段

1. BOLL 的突破訊號

BOLL 指標可以提示支撐和壓力位置，顯示超買超賣情況，具有通道功能。對於研判主升段行情，也有很大的幫助。

股價長時間形成橫盤整理，BOLL 線的上軌線和下軌線逐漸收緊，兩線

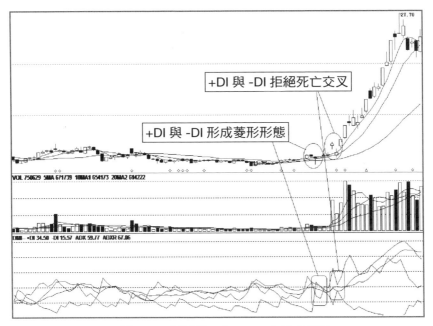

+DI 與 -DI 拒絕死亡交叉

+DI 與 -DI 形成菱形形態

▲ 圖 3-31　深天馬 A（000050）日 K 線圖

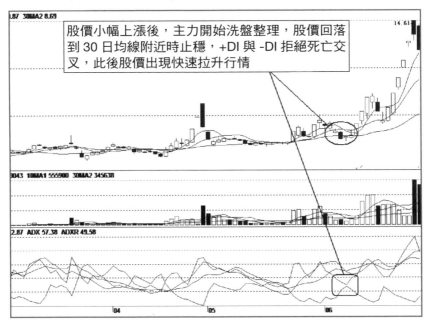

股價小幅上漲後，主力開始洗盤整理，股價回落到 30 日均線附近時止穩，+DI 與 -DI 拒絕死亡交叉，此後股價出現快速拉升行情

▲ 圖 3-32　曉程科技（300139）日 K 線圖

之間的距離越來越小，值差接近 10％時，即表示將要開始出現變盤，激烈的價格波動有可能隨即產生。隨著成交量的逐漸放大，股價突然出現急速上漲，此時 BOLL 的上軌線急速向上運行，而下軌線也同時向下運動，BOLL線上下之間就形成了一個類似開口的喇叭形態。此時若股價連續穿越上軌線，則表示股價短期有一定的升幅。

這種形態是股價經過長時間的低位橫盤築底後，面臨著向上變盤時所出現的一種走勢。BOLL 線的上下軌出現方向截然相反，預示著多方力量逐漸強大而空方力量逐漸衰竭，股價短期將出現大幅拉升行情。

這種形態一般要具備兩個條件：一是股價要經過長時間的橫盤整理，整理時間越長，上下軌之間的距離越小，則未來突破的強度和幅度越大；二是在 BOLL 通道開口的關鍵位置，無論漲跌都要有明顯的大成交量出現，否則為疑似假突破訊號。

如圖 3-33 美聯新材（300586）的 K 線圖所示，該股在低位出現較長時間的橫盤整理走勢，布林通道收窄多時，上軌、中軌和下軌十分接近，上下軌線值差低於 10％，同期的 5 日、10 日、30 日三條均線相互纏繞在一起，呈黏合狀態。這時投資人應密切關注其盤面變化（但不必過早介入），把箭拉在弦上，一旦向上突破，就應立即行動。

2018 年 2 月 6 日，主力向下製造一個空頭陷阱後，第二天開始股價向上拉高，連續出現兩根「一」字線和一根「T」線，布林通道迅速張開，均線系統向上發散，股價向上突破的訊號已經明確，一輪升勢行情來臨，投資人此時可以不惜追漲做多。可見，布林通道收窄是暴風雨前的寧靜，是黑馬股啟動的訊號，而布林通道開口放大則是最佳買入時機。想讓資金翻倍，就應騎上這樣的駿馬！

2. BOLL 的壓力和支撐

BOLL 是一個很神奇的指標，其上、中、下每條軌道在不同的時候，會構成不同的壓力位、支撐位，需要注意其弱、強、超強三種強度。在使用 BOLL 指標時，應掌握以下幾個情況。

第一、BOLL 指標的變軌的兩種現象：

（1）在向上的窄軌通道中，股價運行在 BOLL 窄軌的上軌和中軌之間，這時上軌構成弱壓力，中軌構成弱支撐，而下軌構成強支撐。所以，向下轉

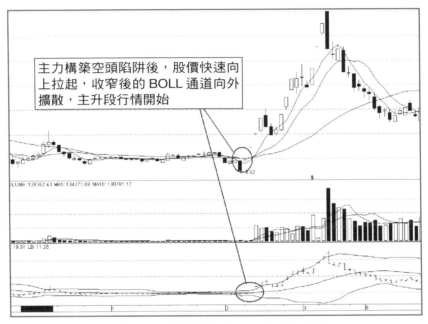

主力構築空頭陷阱後，股價快速向上拉起，收窄後的 BOLL 通道向外擴散，主升段行情開始

▲ 圖 3-33　美聯新材（300586）日 K 線圖

折時會有震盪反彈，股價很難從上軌附近直接跌穿下軌。通常趨勢是從上軌跌到下軌，然後反彈到中軌附近，再次下跌擊穿下軌，此時開口打開，下跌趨勢形成。所以，對於向上運行的窄軌，當股價突破上軌時，開口打開，往往意味著主升段的開始。

（2）在向下的窄軌通道中，股價運行在 BOLL 窄軌的中軌和下軌之間，這時中軌構成弱壓力，下軌構成弱支撐，而上軌構成強壓力。所以，對於運行在窄軌下跌通道的個股來說，股價很難從下軌附近直接上穿上軌，通常趨勢的反轉是從下軌上攻到上軌，然後回測至中軌附近，再次上攻擊穿上軌，此時開口打開，上升趨勢形成。所以，對於向下運行的窄軌，當股價擊穿下軌，開口打開，往往意味著主跌段的開始。

第二、寬軌開口，也就是開口打開的四種現象：

（1）對於開口向上打開的主升段，股價運行在上軌上方，是超強的攻擊形態，往往是主升段剛突破後的形態。其後回落，中軌構成強支撐；再次向上，上軌構成強壓力。一個完好的主升段上升通道，就是大開口形態，股價

運行於中軌和上軌之間。

(2) 對於大開口向上並出現頂背離的情況，股價回落後，中軌構成弱支撐，下軌構成超強支撐，股價很難在開口收口前直接擊穿下軌。如果下跌力量很強，但當時開口很大，並且 BOLL 沒有收口，觸到下軌必然有反彈；反彈時，中軌構成強壓力；如果反彈很弱，其後的下軌只能構成弱支撐，這時往往就是趨勢反轉的形成。

(3) 對於開口向下打開的主跌段情況，股價運行在下軌下方，是超強的下跌形態，往往是主跌段剛突破後的形態。其後反彈，中軌構成強壓力；再次向下，下軌構成強支撐。一個完好的主跌段下跌通道，就是大開口形態，股價運行於中軌和下軌之間。

(4) 對於向下大開口並出現底背離的情況，股價反彈後，中軌構成弱壓力，上軌構成超強壓力，股價很難在開口收口前直接攻穿上軌。如果上攻強度很強，但當時開口很大，並且沒有收口，觸到上軌必然有回落；回落時，中軌構成強支撐；如果回落很小，其後上軌只能構成弱壓力，這時往往就是趨勢反轉的形成。

第三、寬軌縮口，也就是大開口收口的兩種現象：

(1) 無論開口向上或向下，上軌、下軌只能構成弱壓力、弱支撐，中軌不構成支撐、壓力，此時向上或向下發生行情的概率都較大。

(2) 股價運行在上軌之上，是超強攻擊形態；運行在中軌和上軌之間，是上升通道形態；運行在下軌和中軌之間，是下跌通道形態；運行在下軌下方，是超強下跌形態。

第四、BOLL 指標的獨特優勢：BOLL 指標在判斷很多形態上有自己獨特的優勢，比如，判斷股價的支撐位和壓力位、主升段和主跌段發生、頂背離和底背離以及反轉形態等。以下分析主升段發生的幾種現象。

(1) 股價橫盤震盪或緩慢上行，BOLL 指標呈現平行窄軌，股價運行在 BOLL 指標的中軌和上軌之間，某日突然跌破中軌，但在下軌處獲得支撐，震盪數日後，上攻突破中軌並觸到上軌附近，遇到壓力回測中軌時止穩，此時向上突破上軌並發生大行情的概率非常大，這是經典的向上突破形態。

如圖 3-34 亞威股份（002559）的 K 線圖所示，該股見底後緩緩上行，BOLL 指標呈現窄軌通道，股價運行於中軌和上軌之間。期間，股價幾次跌破中軌弱支撐，形成窄幅震盪走勢，然後向上拉起，穿越中軌弱壓力，接近

上軌附近。不久，股價放量突破，BOLL 指標上軌被突破，開口迅速打開，主升段由此展開。

（2）股價橫盤震盪或緩慢上行，BOLL 指標呈現平行窄軌，股價運行在 BOLL 指標的中軌和上軌之間，某日突然加速上漲，突破上軌的壓力，BOLL 指標的開口（上、下軌）也呈打開的態勢，此時出現加速上漲的概率較大，這是經典的加速上漲形態。

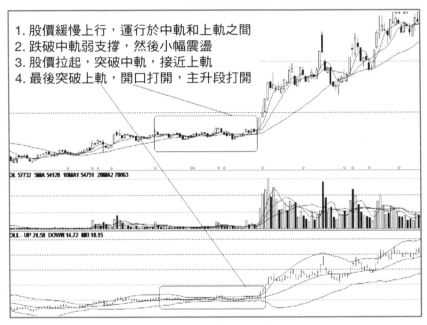

1. 股價緩慢上行，運行於中軌和上軌之間
2. 跌破中軌弱支撐，然後小幅震盪
3. 股價拉起，突破中軌，接近上軌
4. 最後突破上軌，開口打開，主升段打開

▲ 圖 3-34　亞威股份（002559）日 K 線圖

如圖 3-35 同大股份（300321）的 K 線圖所示，該股成功見底後漸漸向上盤升，BOLL 指標長時間處於窄軌狀態，股價在中軌和上軌之間運行，多次試圖向上突破上軌壓制均未果。不久，股價放量上漲，BOLL 指標突破上軌的壓制，開口向外擴散，由此出現一波加速上漲行情。

（3）股價先出現一波大漲行情，BOLL 指標的開口也呈打開狀態，隨後股價出現洗盤整理，BOLL 開口漸漸收縮，股價圍繞中軌震盪，多數時間處

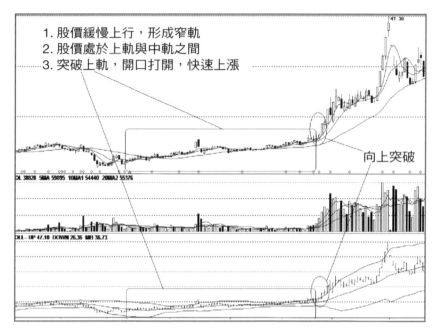

1. 股價緩慢上行，形成窄軌
2. 股價處於上軌與中軌之間
3. 突破上軌，開口打開，快速上漲

向上突破

▲ 圖 3-35　同大股份（300321）日 K 線圖

於中軌和上軌之間。經過一段時間整理後，股價開始放量上漲，BOLL 指標突破上軌的壓制，此時有可能出現新一輪主升段行情，這是經典的逐浪上漲形態。

如圖 3-36 掌趣科技（300315）的 K 線圖所示，主力成功完成了建倉計畫後，快速脫離底部區域，BOLL 通道開口向外擴散。接著主力開始洗盤整理，股價出現震盪走勢，BOLL 通道開口開始窄縮，形成窄軌通道。經過一段時間的整理後，很快股價出現放量上漲走勢，BOLL 通道向上突破上軌壓制，此後股價出現新一波上漲行情。

(4) 對於上述 3 種剛進入加速上漲後的個股，在首次從尖頂回落到中軌附近時，往往是一個較好的買入機會，其後至少有一次上攻機會，這是短線操作容易奏效的技巧。如果上攻強度強，能夠再次攻擊上軌，則繼續保持上升通道的完整性，此後回落中軌時仍可再次買入；如果上攻強度弱，股價與通道構成背離，則需及時出場。這是超短線操作的一大法寶，在盤升類個股中效果非常好。

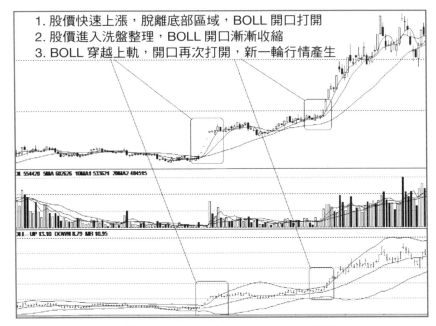

1. 股價快速上漲，脫離底部區域，BOLL 開口打開
2. 股價進入洗盤整理，BOLL 開口漸漸收縮
3. BOLL 穿越上軌，開口再次打開，新一輪行情產生

▲ 圖 3-36　掌趣科技（300315）日 K 線圖

如圖 3-37 長江投資（600119）的 K 線圖所示，股價原先運行於一個緩慢的上升通道之中，然後股價出現加速上漲，BOLL 通道變寬。隨後，股價每次回落到中軌附近都是一個較好的買點，而股價到達上軌附近也是短線減倉的高點。當股價出現上攻強度較弱時，應及時退出觀望。

可以說，個股的主升段大多數是在前 3 種情況下發生的，但很多時候其攻擊力不強，如果結合 MACD 指標、RSI 指標以及量能等因素來分析，則準確率會大大提高。

第五、關於時間形態分析的幾個要點：

(1) 大週期（包含週期分界點）決定成就，也就是股價的空間；小週期（包含週期分界點）決定精度，也就是準確定位買賣點。

(2) 小週期服從大週期：當小週期和大週期的走勢趨向性相反時，以大週期的趨向性為主導，小週期趨向性多數只是做弱勢抵抗後，會服從大週期的趨向性。當然，少數極端情況下，小週期趨向性非常強，也會引起大週期的趨向性改變。

187

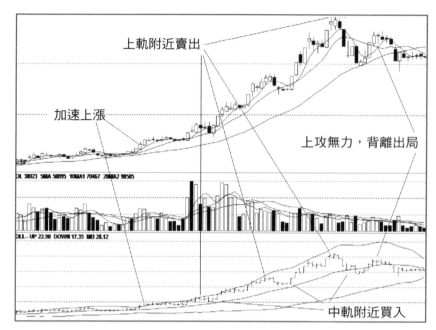

▲ 圖 3-37　長江投資（600119）日 K 線圖

(3) 相鄰週期的級別，尤其是小週期級別分析同一檔股票時，往往會得出分歧結論，這時，如何選擇準確的週期級別來判斷，需要按照最近背離發生的位置是在哪個級別，則用那個級別來判斷後續走勢。

(4) 當多個大小週期的趨向性相同時，就產生了共振，這是最強大的時間形態，週期共振通常有以下三種。

一是多個大小週期同時出現，MACD 指標呈頂背離或者底背離，其後會產生大級別的反轉。二是多個大小週期同時出現加速啟動或者突破形態，很可能就會產生主升段或者主跌段。三是多個週期或者兩個相鄰的大小週期同時遇到 BOLL 指標壓力或支撐時，則此壓力或支撐會很強大，可選擇離場或入場，這也是共振的一種形式。

(5) 任意一個大小週期級別，都是符合上述所講的 BOLL 指標和 MACD指標的形態分析的。

❖ 從 MACD 指標中捕捉主升段

1. MACD二次翻紅

在選股尤其是選強勢股方面，MACD 指標有著非常重要的作用，如果運用得好，可以成功地捕捉到行情主升段的起漲點，其方法如下。

股價走勢滿足「MACD 指標連續二次翻紅」的股票，往往會有非常好的上漲行情，當 MACD 指標第一次出現紅柱後，還沒等紅柱縮短至變綠時，便又再次放大其紅柱，這是利用 MACD 指標選股的關鍵。如果一檔股票的走勢符合這一原則，同時又符合以下四個條件時，那就意味著該股出現大幅上漲的可能性非常大。

⑴ 30 日均線由下跌變為走平或向上，5 日、10 日、30 日均線剛剛形成多頭排列。

⑵ 日 K 線剛剛上穿 30 日均線，或在 30 日均線上方運行。

⑶ MACD 指標第一次翻紅的紅柱越短越好，在 0 軸附近最好。

⑷ 成交量由萎縮逐漸放大，當日成交量大於 5 日平均量。

特別需要說明的是，買入後成交量必須連續放大，MACD 指標中的 DIF 值必須連續遞增，如果不符合這兩個條件，就要及時出場。

如圖 3-38 超頻三（300647）的 K 線圖所示，該股經過長時間的下跌整理，在低位止穩回升，股價經過一波拉高後主力開始洗盤整理。2018 年 3 月 29 日，DIF 線回落與 MACD 線發生死亡交叉，但沒有出現持續下滑走勢，6 月 5 日 DIF 線反轉向上穿越 MACD 線，DIF 線繼續向上攀升，隨後 MACD 線也漸漸上行，BAR 紅柱縮短後又再度迅速增長，MACD 出現二次翻紅，構成「蜻蜓點水」形態，同期的成交量配合放大。

此時，5 日、10 日均線在 30 日均線上方形成黃金交叉，30 日均線繼續向上移動，均線系統多頭排列完好。表示主力洗盤換手已經成功結束，有望展開主升段走勢，構成理想的買入點。隨後，該股出現一波主升段行情，在 12 個交易日裡，拉出 11 個漲停。

在股市實戰操作中，經常發現 DIF 線和 MACD 線靠得很近或黏合在一起，兩條指標線越近（其差值幾乎為零）、持續時間越長、距離 0 軸越近，後市突破的強度越大。某日，一旦 DIF 線向上脫離 MACD 線，兩線出現向上發散，BAR 指標紅柱增長，均線系統呈多頭排列，可以大膽買入，大多

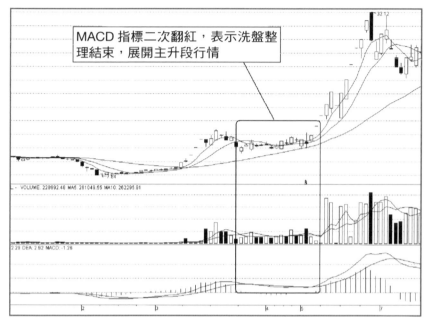

MACD 指標二次翻紅，表示洗盤整理結束，展開主升段行情

▲ 圖 3-38　超頻三（300647）日 K 線圖

可獲得豐厚收益。

　　需要提醒的是，MACD 指標形成黏合後，應做重點關注，但不能過早作出買賣決定，因為後市仍然存在向上或向下突破的可能，待方向明朗後應果斷作出買賣決定。

　　這種訊號如果在築底階段，多為主力吸貨所致，後市具有一定的投資價值，投資人應多加關注。如果在盤頭階段或反彈行情中，則多為主力出貨所致，後市有一定的跌幅，投資人應多加防範。若在上漲過程中出現這種現象，多為主力洗盤整理走勢，一旦向上發散，說明洗盤結束，後市出現新一輪升勢；若在反彈過程中出現這種現象，說明上方賣壓較重，一旦向下發散，股價可能將出現新一輪跌勢，此時應當逢高退出。

　　如圖 3-39 三鋼閩光（002110）的 K 線圖所示，該股強勢主力入駐其中，主力在底部長時間吸納低價籌碼，股價呈現築底走勢，此時的 MACD 在 0 軸附近形成黏合狀態。2017 年 7 月 7 日，股價放量向上脫離盤整區域。DIF 線脫離 MACD 線向上抬頭，兩線向上攀升，BAR 指標紅柱增長。

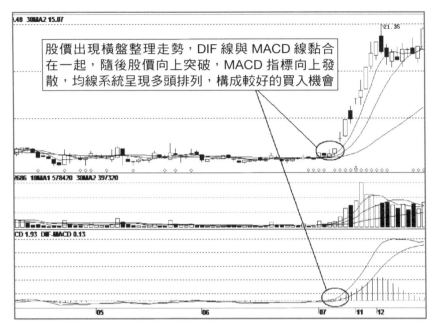

股價出現橫盤整理走勢，DIF 線與 MACD 線黏合在一起，隨後股價向上突破，MACD 指標向上發散，均線系統呈現多頭排列，構成較好的買入機會

▲ 圖 3-39　三鋼閩光（002110）日 K 線圖

　　此時 5 日均線與 10 日均線在 30 日均線上方黏合後向上躍起，30 日均線緩緩上行，均線系統呈多頭排列，形成較好的買入點。此後股價出現快速拉升行情，短期漲幅較大。

2. MACD紅綠柱法則

　　MACD 紅綠柱的精華為八個字：「買小賣小，縮頭縮腳。」小指的是紅綠柱的堆，縮頭縮腳是指紅綠柱的長短。當股價一波比一波高時，反而紅柱的堆，一堆比一堆小，證明產生了頂背離現象，應該及時賣出；當股價一波比一波低時，反而綠柱的堆一堆比一堆小，證明產生了底背離，應該買進。買點在綠堆小時，一根比一根短買進，也就是說縮腳時買進。當紅堆小時，紅柱一根比一根短時，稱為縮頭，此時應賣出。

　　這裡的「大」和「小」是指 MACD 中的大綠柱、小綠柱和大紅柱、小紅柱。這種方法在操作時，對圖中的 DIF 和 MACD 兩條白色和黃色的曲線，可以不去考慮，只看紅綠柱的變化即可。 MACD 紅綠柱的應用法則如下。

(1) 從 MACD 指標可以看出，紅柱和綠柱不可能無限制的放大，同時也不可能無限制的縮小。

(2) 紅柱放到最大為波段性的頂部，綠柱放到最大為波段性的底部。

(3) 紅柱和綠柱一般放大到第 5~6 根時，見到波段性的頂部或低部，這時開始注意賣出或是買入。

(4) 紅柱由最大開始縮小時出場，綠柱由最大開始縮小時進場。

(5) 一般來說，紅柱縮小將會出現綠柱，同理綠柱縮小會出現紅柱，中間的這個過程就是一個波段。也就是說，從綠柱放到最大到紅柱放到最大為一個完整的上升波段，同樣地，從紅柱放到最大到綠柱放到最大，為一個完整的下跌波段。

3. MACD底背離訊號

底背離一般出現在股價的低檔位置，當股價的低點比前一次的低點低，而指標的低點比前一次低點高，也就是說 MACD 指標認為股價下跌有非理性成份，不會再持續地大幅下跌，這就形成底背離走勢，暗示股價即將反轉上漲，是可以開始建倉的買入訊號。

底背離所處的位置越低、形成的時間越往後，其訊號越可靠。如果出現在股價大幅下跌後的低位區域，其訊號的準確性較高。

如圖 3-40 九鼎科技（600053）的 K 線圖所示，在股價運行過程中，股價一波比一波低，不斷創出調整新低，市場顯得極度疲軟。但是，同期的 MACD 指標不但未能隨著股價相應地創出新低點，反而呈現上升走勢。MACD 指標與股價形成「底背離」走勢，暗示股價離底部已經不遠了，可以開始入市建倉。

2018 年 10 月 30 日，股價見底後反轉向上放量突破，出現一波快速拉升行情，從而證實了「底背離」訊號的可靠性。投資人在實盤中遇到這種走勢時，可以在突破之時積極介入做多。

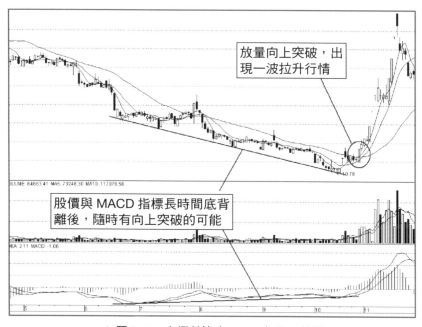

放量向上突破，出現一波拉升行情

股價與 MACD 指標長時間底背離後，隨時有向上突破的可能

▲ 圖 3-40　九鼎科技（600053）日 K 線圖

3-6　從「形態」中捕捉主升段

　　股價在長期的運行過程中，可能會形成某些技術形態，如常見的雙重底
（頂）、頭肩形、圓弧形、三角形、楔形或旗形等，股價一旦成功突破這些
技術形態的頸線位，表示技術形態構築完畢，股價將沿著突破方向繼續運
行，因此是一個較好的買入訊號。

❖ 股價突破雙重底形態

　　雙重底形態預示一輪下跌行情將告一段落，股價在完成形態的運行之後
將進入一輪上漲行情。股價持續下跌到了低點，令仍堅守其中的持股者因股
價太低而惜售，而持幣者因股價連創新低認為已具投資價值，開始在低位嘗
試性買入建倉，股價因此獲得支撐而止跌反彈。當股價反彈至某一價位時，
距離低點出現了一段價差，這時低檔買進者有些只抱著短線心理，亟思獲利
了結，原先套牢不賣者，此時也有部分人改變心意，少輸為贏的想法油然而
生，因而在短線獲利回吐及套牢減倉的雙重壓力下，股價再一次下探。

　　但當股價回到前次低點附近時，市場上更多的投資人對後市充滿信心，
不但原先出手承接的人繼續加碼，還有更多人也產生興趣而加入行列。越來
越多的買盤湧入，使多空雙方力量發生重大轉變，而使股價出現第二次漲
升，並突破前次反彈的高點，成功扭轉股價長期下跌的趨勢，一波多頭上漲
行情由此展開。

　　如圖 3-41 航天長峰（600855）的 K 線圖所示，從該股 2018 年 9 月至
2019 年 3 月的走勢中可以看出，當股價再次下探到前期低點附近時，構成

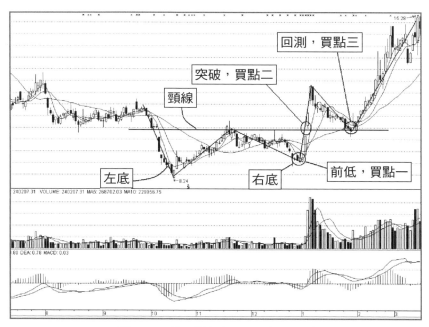

▲ 圖 3-41　航天長峰（600855）日 K 線圖

第一個買點。然後，在 2019 年 1 月 4 日跳空高開高走，大陽線漲停，成交量放大，股價突破雙重底頸線，構成第二個買點。股價突破之後進行回測確認，在頸線位附近得到有效的技術支撐，股價再次回升，形成第三個買點。此時不妨加倉介入，隨後股價進入上升通道。

也有的人認為，雙重底有以下三次買入時機：一是在股價加速下跌時搶反彈；二是當股價反彈後下跌至前次低點附近時，也就是二次探底不破可分批建倉；三是放量突破頸線位或突破頸線位後，明顯縮量回測成功時，是最佳加倉和買入時機。兩種說法略有差異，效果如何見仁見智。

如圖 3-42 中國軟件（600536）的 K 線圖所示，從該股的走勢中可以看出，2018 年 12 月 27 日開始出現快速下跌，此時可以試探性介入，構成第一個買點。當股價反彈結束後，再次回落到前期低點附近時重新介入，此為第二個買點。2019 年 2 月 13 日，股價向上突破雙重底的頸線壓力時，此為第三個買點，隨後股價出現強勢上行行情。

股價向上突破技術形態時，表示股價下跌或回檔結束，是一個較好的買

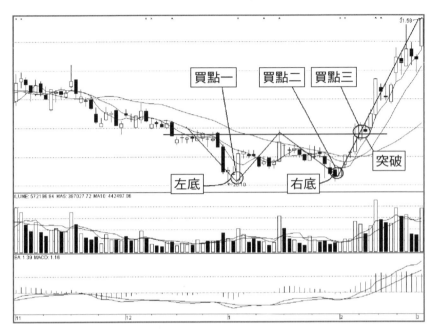

▲ 圖 3-42　中國軟件（600536）日 K 線圖

入訊號，投資人可以按照相關技術形態的法則操作。在實戰操作中，可以掌握以下技術要點。

（1）突破的前提是股價的位置和階段：如果處於底部吸貨區域、中途整理區域、主力成本區域附近的，若向上突破其真突破的概率較大，若向下突破其假突破的概率較大。如果處於高位出貨區域、遠離主力成本區域的，若向上突破其假突破的概率較大，若向下突破其真突破的概率較大。

（2）股價突破時，盤面必須有氣勢、有強度、可持續性，短暫的衝破肯定無效。另外，要掌握一般技術形態的構築時間，微型的技術形態則可靠性不高。

（3）在考察成交量時一定要注意價與量的配合，如果量價失衡（成交量巨大突破後回落、突破後放量不漲或突破時成交量過小）則可信度差，謹防主力以假突破的方式出貨。

（4）當股價無量突破頸線時，且突破的幅度不足以確認為正式突破時，此時有出現假突破的可能。如果股價在突破後不久又再度回到頸線之下，應

予以賣出觀望。

（5）分析突破時的一些盤面細節，有利於提高判斷準確性。比如，看當天的突破時間早晚，通常當天的突破時間越早越可靠，特別是在臨近尾盤的突破更應值得懷疑；觀察當天的突破氣勢，突破時一氣呵成，剛強有力，氣勢磅礡，可靠性就高；突破後能夠堅守在高位的，可靠性就高，如果僅僅是股價在當天盤中的瞬間碰觸，那麼突破肯定不能成立。這些盤面細節十分重要，應當細心地進行觀察分析。

（6）百分比法則和時間法法則：即突破的幅度超過 3%，持續時間達 3 天以上。

❖ 股價突破頭肩底形態

頭肩底從第一個低點向上反彈之後，再度回測測試支撐。當觸及前期低點附近時，多頭稍作抵抗，股價便應聲跌破，再創出新低點。不過，在這最悲觀的時刻，卻出現了一股更強大的買盤力量，將股價再度向上拉升，且上漲到上波反彈的高點附近。

這時持股者的心理開始出現分歧，經過劇烈震盪之後，股價還是宣告向下，一般散戶歷經數度驚魂，信心已經喪失殆盡，紛紛殺出。不料低檔卻冒出奇大的接手買盤，將籌碼一網打進，股價也第三度出現強勁挺升，並且順利超越了前兩次反彈的高點，從此告別悲情，展開多頭走勢。

頭肩底形態表示一個長期下跌的趨勢已經發生逆轉，股價的下跌已明顯受到買盤的支撐，股價在長期下跌之後初次盤穩，雖然再次下探創出新低，但成交量已明顯減少，且快速反轉回升。而第三次回落卻在新低點之上便受到支撐，反映出後市看好的力量正在底部積極接盤，並逐步改變市場過去向淡的趨勢。當股價成功突破頸線阻力位時，說明多方已經消化了空方的力量，多頭將在今後一段時間佔據市場的主導地位。

如圖 3-43 上海新梅（600732）的 K 線圖所示，該股在 2018 年 8 月至 2019 年 1 月的走勢中，出現了由一個左肩和兩個右肩構成的複合頭肩底形態。股價見底後回升，在前期小高點附近時，回落形成右肩。然後股價反彈到頸線附近時回落，再次形成一個右肩。最後，股價向上突破頭肩底形態的頸線，並經回測確認有效後進入升勢行情。

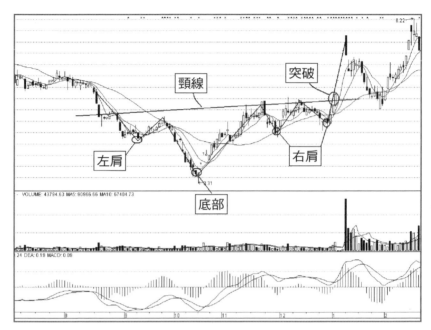

▲ 圖 3-43　上海新梅（600732）日 K 線圖

　　在實戰操作中，遇到這類個股時可以掌握以下技術要點。

　　(1) 最近一個波段低點比前一個波段底點低，但其成交量卻比前一個波段低點少時，則成為頭肩底形態的前兆訊號，通常是左肩最大、頭部次之、右肩最小，反映市場賣盤逐漸減少。

　　(2) 當股價向上突破頸線時，成交量需配合增加，要超過左肩或底部時的最高成交量。若股價向上突破頸線時成交量並無顯著增加，其後幾日也未見補量時，可能將會變成一個「假突破」。

　　(3) 假如突破頸線後數天的成交量仍然很少時，常會出現暫時的回測，使股價又回到頸線附近，但很少會穿過頸線，如果回測後跌破頸線達 3% 以上，則應小心屬於失敗的頭肩底形態，要重新考慮賣出。

　　(4) 根據艾略特波浪理論，如果底部的低點到右肩的最低點之間，出現一個三波段上漲和一個三波段下跌，此時可以比較大膽地假設，頭肩底形態將會形成的可能性極高，應該提早買入以待獲利。而如果底部低點到右肩的最低點之間，並未出現一個三波段上漲和一個三波段下跌，縱然股價已經突

破頸線，但在未達到向上突破的標準之前，也應暫時以假突破視之。

(5) 頭肩底向上突破頸線時，常常同時向上突破一條重要的壓力線或同時向上突破 30 日移動平均線，從而使頭肩底形態更為可靠。

(6) 頭肩底雖然是非常可靠的底部反轉形態，但也要設立停損位。在第一次急跌後買入的，停損位可設在虧損 10%；在右肩買入的，停損位可設在股價有效跌破左肩的低點；在突破頸線後和回測確認時買入的，停損位可設在股價再次下跌到頸線之下走勢突現疲軟時。

❖ 股價圓弧底形態

圓弧底形態是指股價逐步向下形成凹陷的圓弧狀走勢，也稱碗形或碟形，是一種底部反轉上攻形態。股價多處於低位區域，與潛伏底相似之處為交投清淡，耗時幾個月甚至更久，展現弱勢行情的典型特徵。

這是投資人在跌市中，信心極度匱乏在技術走勢上的表現，由於價格經過長期下跌之後，很多投資人高位深度套牢，虧損巨大，只好改變操作策略，長期持倉不動，被動等待解套。空方的能量也釋放完畢，但由於前期下跌殺傷力強，短時間內買方也難以匯集買氣，無法快速脫離底部上漲，只有長期停留在底部整理，以時間換空間，慢慢恢復元氣，價格陷入膠著，震幅很小，此時就會形成圓弧底形態。

圓弧底形成的特徵及條件如下：

(1) 圓弧底是在經歷股價大幅下跌之後形成的，一般築底的時間較長，幾週、幾月甚至更長。

(2) 底部股價波幅小，成交量亦極度萎縮，盤整到尾段時，成交量呈緩步遞增，之後是巨量向上突破前期阻力線。

(3) 在形成圓弧底後，股價可能會反覆徘徊形成一個平台，這時候成交量已逐漸增多，在價格突破平台時，成交量必須顯著增大，股價才會加速上升。

(4) 假如圓弧底出現時，成交量並不是隨著價格作弧形的增加，則該形態不可信賴，應該等待進一步的變化，等趨勢明朗時再作決定。

(5) 最佳買點：激進的投資人於股價放量突破當天即可介入；穩健的投資人可在股價放量突破之後，確立突破有效時再行介入。

　　如圖 3-44 大眾公用（600635）的 K 線圖所示，該股經過長時間的下跌後，2018 年 10 月在相對低位跌勢減緩，逐步形成橫向整理態勢，顯示空頭繼續大幅下跌的動能不強，而此時由於經過大幅下跌，多頭的信心受到沉重的打擊，要想在短時間內恢復上攻的可能性也不大。

　　因此導致了多頭買盤不踴躍、空頭賣出意願不強，雙方保持平衡的局面。隨著時間的推移，多方力量逐步聚集，當消化了上方的壓力後，11 月 5 日股價放量漲停，有效突破頸線位的壓力，這就提供了一個很好進場的機會。

　　在實戰操作中，遇到這種盤面走勢時，可以掌握以下技術要點。

　　⑴ 有時當圓弧底部形成後，股價並不隨即上漲，而是先走出一個來回窄幅拉鋸的平台——鍋柄，也稱進貨平台，此處買進較佳 .。

　　⑵ 在圓弧底形成中，由於多空雙方皆不願意積極參與，成交量極小，價格顯得異常沉悶，這段時間顯得很漫長，所以不要過早介入，可選擇在突破頸線時買入。

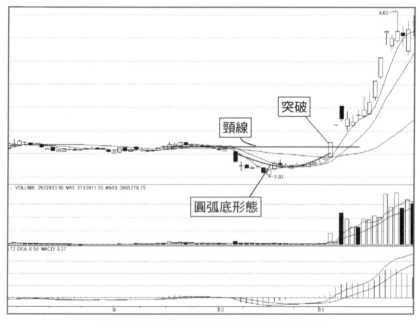

▲ 圖 3-44　大眾公用（600635）日 K 線圖

（3）圓弧底形態通常是主力吸貨區域，由於其炒作週期長，故在完成圓弧底形態後，其漲升的幅度也是很大的。投資人如在圓弧底形態內買進，則要注意在啟動前的震倉洗盤。因為在漲升初期，會吸引大量散戶買進，給主力後期拉抬增加負擔，清掃出場一批浮動籌碼與短線浮動籌碼後，主力才會大幅拉抬股價。

在上漲途中，還會不斷地利用旗形、楔形等多種整理形態調整上升角度，延續漲升，所以圓弧底形態從某種角度上也可說是黎明前的黑暗，在形態內價格貌似平靜如水，實際上是在醞釀著一波滔天巨浪。

（4）圓弧底的最終上漲高度，往往是弧底最低點到頸線距離的 3 至 4 倍，但是圓弧底如果距離前期的成交密集區太近，儘管底部形成的時間足夠長了，後市上漲高度也有限。因為原有的股票持有者沒有經歷一個極度絕望的過程，導致底部的換手率不高，限制了未來的漲升空間。

（5）圓弧底常見於低價區中，呈現一種平底延伸狀，通常需要數月才能完成。在圓弧底形成期間，有時還常伴隨蝶形底。

（6）在所有的底部技術形態中，圓弧底形成的概率較低，這是因為形成圓弧底的條件嚴格。首先它要求股價處於低價區；其次低價區的平均價格應該至少低於最高價的 50％ 以上，距離前期成交密集區要盡可能的遠；最後在形成圓弧底之前，股價應該是處於連續下跌狀態。

❖ 股價突破箱體形態

箱體是一種典型的整理形態，股價在兩條幾乎平行的軌道線內上下波動，既不能向上突破阻力線，又不會向下跌破支撐線，這種震盪格局將持續一段時間，震盪行情中的各個短期高點和低點分別相連，就會形成箱體。市場處於多空平衡的拉鋸狀態，股價向上會遭到沉重打擊，向下又獲得各種支撐，致使股價陷入跌不深、漲不高的僵局中。

但這種僵局總歸是暫時的，其突破將是一種必然的結果。在突破之前的震盪整理中，市場的買賣熱情會逐漸下降，成交量會出現一定程度的萎縮，當市場逐漸轉為平靜後，突發性行情會迅速爆發出來。

箱體的出現顯示市況牛皮，出現這種情況大致有以下三個原因：一是市場基本面平靜，公司前景欠亮麗，市場進退兩難。二是可能反映主力耐心進

貨，若大手筆買貨會引起注意，因此故意維持盤整走勢，埋伏在低位吸貨。三為免股價越賣越低，於是當股價回落至某一水準時便停止拋售，反而以小量買盤將股價推升，引導投資人買入。

如圖 3-45 禾豐牧業（603609）的 K 線圖所示，股價經過小幅上漲後，主力開展洗盤整理走勢，股價呈現橫向運行，形成小箱體形態。2019 年 2 月 15 日，股價向上突破箱體整理形態的上邊線壓力，產生明確的買入訊號。之後，股價出現快速上漲行情。

在實戰操作中，遇到這種盤面走勢時可以掌握以下技術要點。

(1) 成交量逐漸減小：在箱體形成過程中，隨著形態的逐步延伸，成交量會逐步遞減，當成交量遞減到一定程度時，將促使突破行情的產生。如果在形態形成時，成交量持續活躍，或有不規則的成交量出現，一般很難構成有效突破。

(2) 需等待突破訊號：箱體是一個多空爭持的形態，在升勢或跌勢途中均有可能出現，宜等候突破訊號。若股價以成交量配合向上突破箱體上限阻

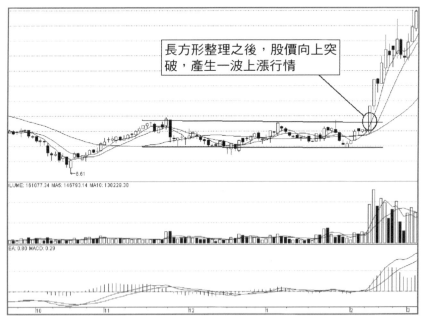

▲ 圖 3-45　禾豐牧業（603609）日 K 線圖

力時，反映看好一方已控制大局，應視為利多訊號。若成交量不配合上升，可視為「假突破」。相反地，當股價跌破箱體下限支撐位時，就算成交量不增加，也可視為可靠的利空訊號。

(3) 有回測的可能：股價突破箱體以超越箱體的阻力線，或支撐線達 3% 幅度為基礎（只要成交量放大，1%~2% 也可以確認）。有時當股價向上突破箱體後會有短暫的回測，若股價回測箱體上限線時得到止穩（此時上限線由突破前的阻力作用，變為突破後的支撐作用），後市繼續向好。

但向上突破後，回測不能明顯擊穿箱體上限，否則投資人應該停止買入操作及時停損。相反地，若股價向下跌破箱體時也會出現回測，而股價回升到箱體下限線而無力再上漲（此時下限線由突破前的支撐作用，變為突破後的壓力作用），後市看空訊號越強烈。

(4) 形成時間的長短：箱體時間一般在 1~3 個月以內，投資人可以這樣看，若形成時間越長，反映多空雙方爭持越激烈，積蓄的力量越強大，一旦出現突破，其威力十分驚人，實際升幅跌幅往往比預測的要多。

(5) 高低波幅大更具威力：一個高、低波幅較大（一般指超過 10% 以上）的箱體，比較一個狹窄而修長的箱體更具威力。

(6) 箱體的推動波一般為三波到五波，即在形態中出現 4 到 6 個轉捩點。如果股價波動的次數過於頻繁，會過分打擊投資人信心。當發生在頂部區域時，表現為多頭能量不足，缺乏上攻的動力，市場信心受挫，獲利賣壓開始增多，形態深化成多重頂的可能性較大。而如果是出現在底部，則是主力最好的進貨時機，利用長時間的橫盤震盪去消磨投資人的耐心，形態極有可能演化為多重底或潛伏底。橫盤的時間越長，主力介入的程度越深，則後市的漲升空間也將越大。

(7) 值得注意的是，箱體在形成過程中極有可能演變成三重頂（底）形態，正是由於箱體的判斷有這麼一個容易出錯的可能性，在面對箱體和三重頂（底）進行操作時，儘量等到突破之後再採取行動，因為突破後的兩種走勢方向相反。

一個是反轉突破形態，要改變原來的趨勢；一個是持續整理形態，要維持原來的趨勢。一般的箱體是整理形態，為盤整勢道，這種形態與對稱三角形一樣，出現於趨勢反轉的次數並不多，只有那些剛剛從底部區域啟動、漲幅不大的個股，在箱體突破後往往會延續原有的上升趨勢。

3-7

從「趨勢」中捕捉主升段

　　將兩個以上明顯的高點或低點連接起來，就會形成一條直線，這條直線就是趨勢線。根據其運行方向，可以分為上升趨勢線、下降趨勢線或水平趨勢線三種。

　　如果這條直線是向下傾斜的，就形成了下降趨勢線，它對股價短暫上漲具有一定的壓力作用。當股價向上突破這條趨勢線的壓力時，預示股價將轉跌為升，是一個買入訊號。

　　相反地，如果這條直線是向上傾斜的，就形成了上升趨勢線，它對股價短暫下跌具有一定的支撐作用。當股價向下突破這條趨勢線的支撐時，預示股價將轉升為跌，是一個賣出訊號。如果這條直線是橫向移動的，就形成一條水平趨勢線，表示股價處於盤整狀態，暫時沒有明確的方向，此時可以多加留意，但不宜買賣操作。

❖ 向上突破下降趨勢線

　　股價向下波動時，至少有兩個明顯的高點連線，且這條直線是向下傾斜的，就形成了下降趨勢線，它對股價短暫上漲具有一定的壓力作用。股價上漲到這條線附近時，一般會得到阻力而向下回落，直到股價最終突破這條線時，才有可能扭轉跌勢而產生一波上漲行情，此時趨勢線失去原有的壓力作用。

　　如圖 3-46 九鼎科技（600053）的 K 線圖所示，該股見頂後逐波下行，股價一波比一波低，不斷創出調整新低，將多個反彈高點連接成一條直線，

就形成一條中期的下降趨勢線。這條下降趨勢線不斷壓制股價向下走低。
2018 年 10 月 30 日，股價放量拉高，一根漲停大陽線向上突破這條下降趨勢線。表示中期調整結束，股價將出現新的運行格局，此時可以逢低介入，隨後出現一波拉升行情。

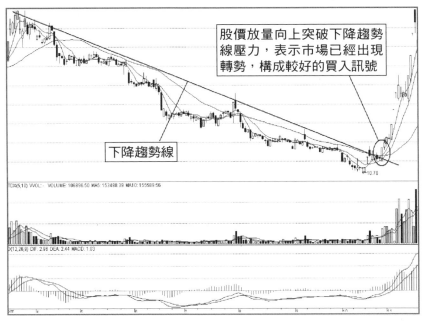

▲ 圖 3-46　九鼎科技（600053）日 K 線圖

　　在實戰操作中，遇到這種盤面走勢時，可從以下幾方面進行分析。

　　(1) 在成交量方面，股價真正向上突破下降趨勢線時，成交量必須持續放大，價量配合積極的突破，其可靠性更大，以後上漲的空間也越大。但是，如果出現以下兩種不放量的情況時，則不能認為是假突破：第一，股價突破當天，因強勢上漲封住漲停板位置，投資人因惜售導致成交量未能放大，這時不能認為是假突破。

　　第二，股價經過長期下跌之後，突然向上突破下降趨勢線的阻力，此時可能由於市場人氣經過股價的長期下跌，仍未得到恢復，觀望情緒較重，或

者是行情太過突然，投資人來不及作出反應，這時不能認為是假突破，此時
只要在後面幾個交易日中有補量的現象，則仍可視為有效突破。

(2) 下降趨勢線的時間跨度越長，被突破的意義就越大，突破越為可靠，
以後上漲的空間也就越大。

(3) 股價下跌幅度越大，突破後上漲的幅度也就越大；股價下跌幅度過
小，則突破很可能是假突破，或者僅僅是短期反彈行情，股價仍將繼續下跌。

(4) 百分比法則：假如某一交易日大陽線向上突破下降趨勢線的幅度超
過 3%，那麼該下降趨勢線就算有效突破，日後股價上漲的概率較大，投資
人應抓住時機買入股票。

(5) 時間法法則：假如某一支股票收盤價 3 天向上突破下降趨勢線，那
麼該下降趨勢線就自然有效突破，日後股價上漲的可能性較大，投資人應及
時買入股票。

❖ 向上突破上升趨勢線

股價向上波動時，至少有兩個明顯的低點連線，且這條直線是向上傾斜
的，就形成了上升趨勢線，它對股價短暫下跌具有一定的支撐作用。在實戰
操作中，可以根據這條趨勢線製作一條平行線，當股價向上突破趨勢線的平
行線時，預示股價有加速上漲之勢，因此是一個強烈的買入訊號。

如圖 3-47 方大炭素（600516）的 K 線圖所示，該股成功探明底部後盤
升而上，形成一條緩慢的上升通道。2017 年 6 月 23 日，股價放量向上突破
上升通道的上軌線，此後股價出現加速上漲。

在上升趨勢之中，本身多頭佔據市場優勢，一旦上軌線被成功突破之
後，往往會出現加速上漲行情，因此短線投資人可以在突破或回測之時買
入。

在實戰操作中，遇到這種盤面走勢時可以掌握以下技術要點。

(1) 股價向上突破上升通道上軌線時，如果成交量配合放大，可視為有
效突破，應大膽買入，後市會有較大漲幅。否則，應繼續觀望。

(2) 股價向上突破上升通道上軌線，通常是股價加速上漲和上升趨勢末
期的訊號，持續時間一般不會太長，遲早還會跌回通道之內甚至更低。

(3) 股價向上突破上升通道上軌線時買入，如很快又跌回上軌線之內應

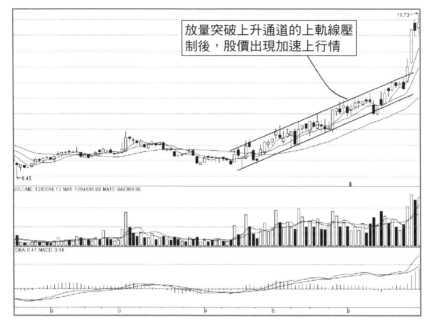

放量突破上升通道的上軌線壓
制後，股價出現加速上行情

▲ 圖 3-47　方大炭素（600516）日 K 線圖

停損出場，因為雖然突破後偶有回檔，也不應收盤在上軌線之下。

　　⑷ 在上升通道中，股價每次回落在下軌線獲得支撐時，也是短線買入時機。

❖ 向上突破水平趨勢線

　　如果圖形中後面的峰和谷與前面的峰和谷相比，沒有明顯的高低之分，幾乎呈水平延伸，這時的趨勢就是水平方向。表示在一段時間內買賣雙方處於相對平衡狀態，供求暫時平衡，有時也把這種橫向運動趨勢稱為「無趨勢」。

　　當股價多次觸及水平趨勢線而得到支撐反彈時，只要將至少兩個明顯的低點連接，就成為水平支撐趨勢線。相反地，當股價多次觸及水平趨勢線而得到阻力回落，只要將至少兩個明顯的高點連接，就成為水平壓力趨勢線。

　　通常主要趨勢是長期投資人考慮的目標，對於趨勢中的次級下跌和短期

變動是不會去理會的。而且，多數投資人都順應趨勢，追隨市場的上升趨勢
和下降趨勢，常常放棄對橫向趨勢的關注。這種方向在市場上出現的機會是
相當多的，就水平方向本身而言也是極為重要的。

　　大多數的技術分析方法，對處於水平方向的市場進行分析時，都容易出
錯。這是因為這時的市場正處在供需平衡的狀態，下一步朝哪個方向發展是
沒有規律可循的，可以向上也可以向下，因此去預測它將會朝何方運動是極
為困難的。

　　如圖 3-48 衛寧健康（300253）的 K 線圖所示，該股反彈結束後，再次
回落到前期低點附近，然後形成橫向震盪整理走勢，將震盪中的幾個高點連
接在一起，就形成一條水平趨勢線，這條趨勢線對股價上漲構成較大牽制作
用。2018 年 1 月 24 日，收出一根放量上漲大陽線，突破了水平趨勢線牽制，
隨後股價出現強勁的盤升行情。

　　投資人遇到股價向上突破水平趨勢線時，其有效性還可從以下方面進
行分析。

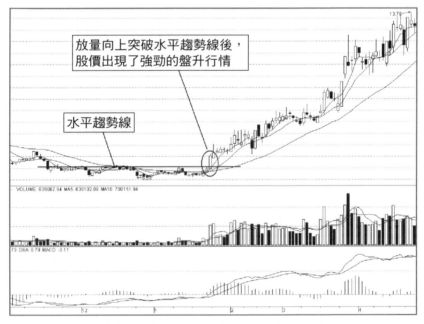

▲ 圖 3-48　衛寧健康（300253）日 K 線圖

(1) 均線系統向上發散，形成多頭排列。

(2) 向上突破橫盤整理的阻力線時，除了漲停惜售外，需要有成交量放大的配合，成交量明顯放大才能排除假突破的可能，也才能支持股價的進一步上漲趨勢。

(3) 確定股價所處的具體位置：在高位或跌勢的中途，向上突破為疑似訊號，向下突破的可靠性較高；在低位或漲勢的中途，向下突破為洗盤換手走勢，不必為之擔心，向上突破的可靠性較高。

(4) 可以用百分比法來確定向上突破的有效性：如果某一交易日股價向上突破水平趨勢線的 3% 時，那麼該水平趨勢就有效突破，今後股價上漲的概率較大，投資人此時買入股票的把握性就較大。

(5) 還可以用時間法來確定向上突破的有效性：如果股票收盤價連續 3 日向上突破水平趨勢線，那麼該水平趨勢線就算被有效突破，日後股價上升的概率較大，投資人應抓緊時機買入股票。

(6) 橫向盤整的時間越長，表示多頭蓄積的力量越足，當股價向上突破橫盤局面時，股價上漲的幅度就越大。正如股市所說的「橫有多長，豎有多高」。

(7) 得到其他技術面的驗證，如技術形態、K 線組合等是否向好，技術指標是否出現底背離、黃金交叉或各方面的提示。

第 **4** 章

7 個訊號教你看出，
主力下車前的「最佳賣點」！

4-1

主升段結束的 7 個
代表性訊號

　　主升段是指在一輪行情或在某一段時間內，股價漲速最快、漲幅最大的一個階段。一旦股價從該主升段高點回落超過 20% 以上，那麼，就可以認為該主升段結束了。

　　如何判斷主升段結束這也是比較複雜的，因為很多時候在主升段階段裡，股價上升往往是非理性的上漲。非理性的上漲用一般的思維去分析自然難以奏效，要研判主升段結束的痕跡，應從認識主升段的上漲特徵開始。**根據長期的盤面研究，出現以下 7 個重要的標誌性訊號時，預示主升段行情即將結束。**

❖ 均線回檔

　　均線系統最能反映股價的運行趨勢和上漲氣勢，在分析主升段是否見頂時，可以從均線中得到一些先知先覺的啟示，具體方法如下。

　　(1) 最強勢的主升段，在股價上升時，連 5 日均線都不碰。

　　(2) 暴漲式的主升段走勢，股價以 5 日均線作為回檔支撐點，且 5 日均線堅挺上行、不彎曲。

　　(3) 以大陽線為主的拉升式主升段走勢，股價以 10 日均線作為回檔支撐點，且 10 日均線堅挺上行，5 日均線可能有彎曲。

　　(4) 在慢牛式主升段中，大多以 30 日均線作為回檔極限位置，且 30 日均線堅挺上行，5 日、10 日均線可能有彎曲。

　　可見，在暴漲式個股主升段中，當股價有效跌破 10 日均線時，5 日均

線也出現向下掉頭，意味著該股主升段走勢結束。在慢牛式個股主升段中，當股價跌破 30 日均線時，5 日均線與 10 日均線形成死亡交叉，說明該股主升段也近尾聲。

　　當盤面出現這些痕跡時，不必考慮後面是否還有第二波主升段的可能，就應逢高先行退出觀望，這樣做起碼不會因短期的調整而產生損失，而且波段操作就講求快進快出，在時間上贏得優勢。如果後市行情再次出現向上突破，可以重新考慮買入。

　　需要提醒的是，在研判這類個股之前，必須確認個股屬於何種性質的主升段，究竟是暴漲式主升段還是慢牛式主升，然後才能對症下藥。同時，分析均線系統時，應與乖離率結合起來。

　　如圖 4-1 復旦復華（600624）的 K 線圖所示，該股在 2019 年 3 月出現一波大幅拉升行情，在分析股價是否見頂之前，確認這是一波暴漲式主升段後，可以根據 5 日均線「堅挺上行、不彎曲」的原則分析研判。

　　該股連拉 8 個漲停後，短期股價漲幅較大，3 月 21 日在高位收出一根

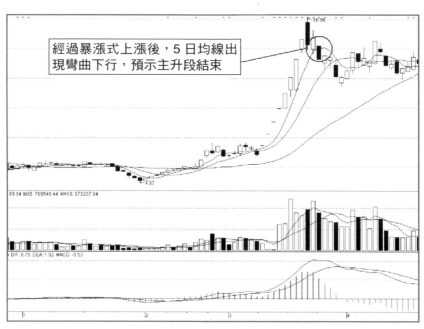

▲ 圖 4-1　復旦復華（600624）日 K 線圖

大陰線，多頭上漲氣勢遭到空方「當頭一棒」，從此股價出現震盪，導致 5 日均線平行後彎曲下行，此後股價出現放量震盪滯漲，表示這輪主升段開始收尾了。此時應逢高退出，如果來不及離場的投資人，可以在隨後的回測過程中逢高離場。

如圖 4-2 數字認證（300579）的 K 線圖所示，該股在 2019 年 2 月 14 日突破底部盤整區後，出現一波主升段行情，在關注該股的頂部訊號產生之前，首先確定這是一波以大陽線為主的拉升式行情，有了這個大前提的定位後，再研判見頂訊號的出現。

該股經過三輪拉升，累計漲幅超過一倍，5 日均線在前期出現過兩次反轉走勢，現今為第三次反轉下行，根據「事不過三」原則，有主升段結束之虞，且 10 日均線出現平行，表示短線做多動能減弱，加之 4 月 12 日大陽線後未能持續走高，幾乎被次日的大陰線所包容。這些盤面現象，都表示這輪主升段開始收尾了，此時應逢高退出，以免受隨後出現調整所帶來的風險。

如圖 4-3 正邦科技（002157）的 K 線圖所示，這是該股 2018 年 10 月至 2019 年 1 月的走勢圖，如果以 5 日或 10 日均線的「彎曲」作為研判依據而選擇賣出操作，那就太可惜了，因為這是一段慢牛式上漲行情，應以 30 日均線作為研判依據。只要 30 日均線堅挺上行，就可以大膽一路持有，而且這種盤面走勢後市大多出現加速上漲行情。

所以，在分析個股之前，必須明確主升段的性質，是暴漲式、拉升式還是慢牛式的主升段，才能避免判斷的失誤。

❖ 當頭一棒

股價時值主升段大漲的時候，經常會被瘋狂的上漲所迷惑，而主力通常會在上漲的過程中，就已悄悄開始減倉行動了，直到有一天主力賣出不再隱蔽，而是明目張膽地大量賣出，那麼，此時市場一定會有所反應，大多會引發大量的跟風盤賣出，從而收出一根下跌大陰線，給上漲的主升段「當頭一棒」。在 K 線形態上，構成傾盆大雨、烏雲蓋頂、陰包容或鑷頂等頂部 K 線組合形態，其盤面特點如下。

(1) 股價出現一段持續性的飆升走勢，短期漲幅在 30% 以上。

(2) 高開的幅度越大越有效，大陰線實體越長，未來下跌概率就越大。

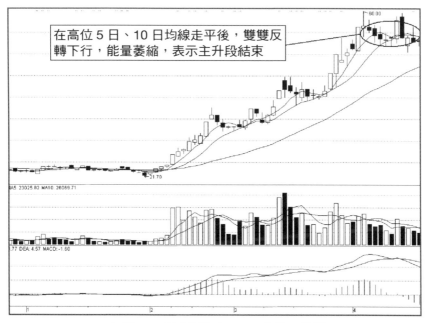

在高位 5 日、10 日均線走平後，雙雙反轉下行，能量萎縮，表示主升段結束

▲ 圖 4-2　數字認證（300579）日 K 線圖

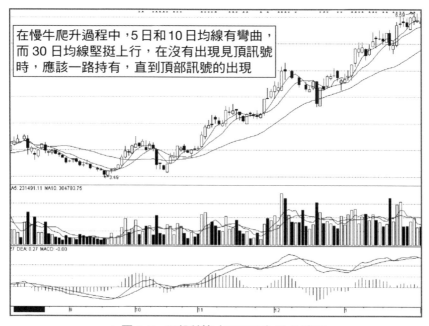

在慢牛爬升過程中，5 日和 10 日均線有彎曲，而 30 日均線堅挺上行，在沒有出現見頂訊號時，應該一路持有，直到頂部訊號的出現

▲ 圖 4-3　正邦科技（002157）日 K 線圖

（3）第一日為大陽線（漲幅在 5% 以上），第二日為大陰線，殺入大陽線實體內的比例越高，反轉概率越大。這個訊號要參考兩根 K 線，即大陽線之後收大陰線，後面的大陰線可以是高開低走的大陰線。

如圖 4-4 網宿科技（300017）的 K 線圖所示，該股向上突破後產生一波快速拉升行情，股價連拉多個漲停，多頭氣焰囂張，投機氣氛火爆。但 2019 年 3 月 11 日突然拉出一根跌停大陰線，構成「烏雲蓋頂」K 線組合形態，給主升段「當頭一棒」，上漲勢頭受到遏制。次日，低開後衝高回落，此後股價進入弱勢調整。

如圖 4-5 全柴動力（600218）的 K 線圖所示，該股向上突破後，出現兩波拉高行情，分別在 2019 年 1 月 28 日和 2 月 26 日在高位收出大陰線，從而形成階段性高點，給多頭氣勢「當頭一棒」，此後出現一定幅度和時間的調整。特別是第二次出現「當頭一棒」後，市場出現較長時間的調整，直到 2019 年 4 月才產生新的上漲行情。

❖ 飛針刺天

這種形態一般出現在多方取得大勝之中，市場狂熱，股價飛漲。由於多方盲目的冒進，使股價出現不理智的上漲，從而過分輕視空方的反攻。此時，空方發起有力的阻擊，股價出現峰迴路轉，快速下跌，反向包圍多方，導致整個局勢徹底轉變。在 K 線形態上形成長長的上影線，一根「飛針刺天」的流星線，宣告主升段的結束，其盤面特點如下。

（1）股價短期漲幅在 30% 以上，短期拉升速度比較快。

（2）市場關注度大增，股價出現了較大漲幅，且形成最後衝刺動作。

（3）先有中陽線或大陽線出現，次日放量衝高回落，形成長上影線。

（4）K 線的上影線越長，下跌的可能性越大。若上影線超過 K 線實體 2 倍以上，則形態更加可靠。K 線可以是陰線，也可以是陽線，但陰線效果更佳。

（5）「飛針刺天」的第二天，股價繼續下跌或弱勢盤整，則頂部確立。

如圖 4-6 精確信息（300099）的 K 線圖所示，該股經過一段時間的洗盤整理後，2019 年 3 月 28 日開始向上突破，產生一波連續 8 個漲停的主升段行情，短期股價漲幅超過了一倍。盤中不難發現，4 月 9 日股價強勢漲停，

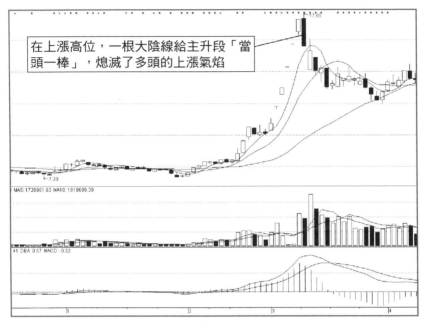

在上漲高位，一根大陰線給主升段「當頭一棒」，熄滅了多頭的上漲氣焰

▲ 圖 4-4　網宿科技（300017）日 K 線圖

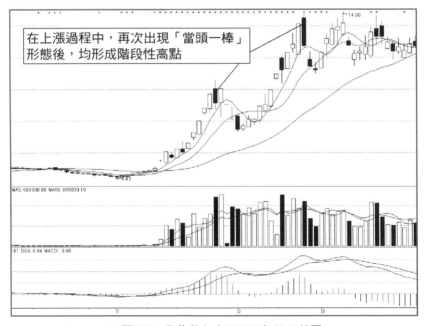

在上漲過程中，再次出現「當頭一棒」形態後，均形成階段性高點

▲ 圖 4-5　全柴動力（600218）日 K 線圖

按理說這種形態第二天仍有漲幅，才是正常的升勢行情。

第二天股價小幅低開後，雖然在盤中曾經出現漲幅大的走勢，但是多方沒有堅守到最後，由於空方發起反擊，使多方節節敗退，股價尾盤下行，當天收出一根跌幅較大的陰線，形成了「飛針刺天」形態，反向包圍了前面的K 線，表示主升段接近尾聲。在這根長上影線 K 線產生後的第二天，股價繼續收出跌停大陰線，頭部訊號獲得確立，此後股價進入中期調整走勢。

如圖 4-7 銀星能源（000862）的 K 線圖所示，該股經過長時間的震盪整理後，從 2019 年 1 月 30 日開始出現加速上漲，形成一波漲幅較大的主升段行情。由於主力難以一次性完成出貨計畫，在 3 月上旬出現第二波拉升出貨行情。3 月 7 日，股價強勢漲停，按理說大陽線之後的第二天仍應保持強勢上漲。

但出其不意，第二天低開 6.04% 後股價逐波拉高，一度漲停板。午後，打開漲停板逐波回落，當天收出一根帶長上影線的 K 線，形成了「飛針刺天」形態，且成交量大幅放大。在高位出現這樣的 K 線形態，說明主升段已接近尾聲。在此後的第二天，股價繼續弱勢震盪，進一步證明了「飛針刺天」的見頂意義。從此股價漸漸盤弱，股價進入中期調整走勢。

❖ 高位吊頸

高位吊頸線，就是主力的一個大騙局，製造圖形假象迷惑散戶。在主升段的末端，因為主力在出貨，股價開盤後逐波下跌，當股價下跌到一定的幅度後，快速把股價再次拉起，從而形成「吊頸線」形態，使散戶產生調整結束的假象。這種形態如果出現在尾盤拉高，更能反映主力的出貨意圖。

從主力操盤手法上來講，這是一種聲東擊西的戰術，「聲東」就是產生繼續拉升的假象，「擊西」就是拉升中悄然出貨。因為股價拉高後，主力不可能在短時間內把獲利籌碼全部兌現，需要有一個良好的出貨環境和過程，且市場的背景也未必相同，主力出貨也就十分複雜，其盤面特點如下。

(1) 股價前期出現加速上漲，上漲達到 30% 以上。

(2) 全天震盪走勢，尾市突然將收盤價拉高，K 線實體帶有長長下影線。下影線明顯大於實體 2 倍以上，而實體可以是陽線、陰線，也可以是 T 線，甚至可以是十字星。

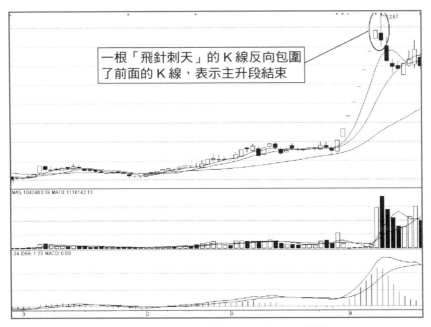

一根「飛針刺天」的 K 線反向包圍了前面的 K 線，表示主升段結束

▲ 圖 4-6　精確信息（300099）日 K 線圖

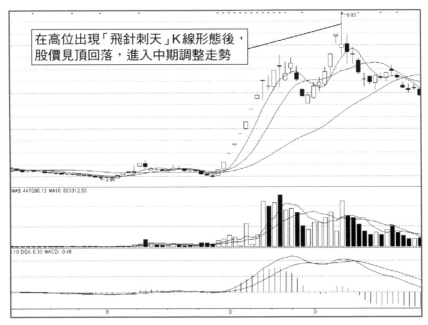

在高位出現「飛針刺天」K 線形態後，股價見頂回落，進入中期調整走勢

▲ 圖 4-7　銀星能源（000862）日 K 線圖

(3) 在震盪中放量，放量中滯漲：一般股價在前一日收盤價上方 4% 以上震盪放量滯漲。

(4) 賣出位置：一是在陽線或 T 線次日慣性衝高之後賣出 ；二是在陰線的當日尾市收盤前幾分鐘賣出。

判斷這類個股的竅門，就是看第二天能不能繼續漲停或收出大陽線。若第二天繼續強勢漲停或收出大陽線，表示股價仍有上衝動力，可以謹慎做多。若是第二天回落下跌或弱勢調整，表示主力出貨堅決，可以肯定這是一個頂部訊號，起碼是一個階段性頂部，應及時離場觀望。

如圖 4-8 深天地 A（000023）的 K 線圖所示，2019 年 2 月 20 日，股價連拉 3 個漲停後，在高位收出一根下影線較長的 K 線，構成吊頸線形態，表示多空雙方出現意見分歧，預示股價將要出現調整走勢，這是短線一個較好的賣出訊號。

如圖 4-9 國瓷材料（300285）的 K 線圖所示，該股經過充分的下跌調整後，在底部止穩震盪，主力在底部區域吸納了大量的低價籌碼，然後出現一波井噴式暴漲行情。

2018 年 4 月 10 日，股價從漲停價位開盤，由於遭到獲利盤的賣壓，主力無法漲停，從而導致股價快速向下滑落，盤中一度下跌，隨後由於多方奮力抵抗，股價重新被拉起，但無法再次漲停，當天收出一根下影線較長、實體較短的 K 線，這就形成了吊頸線形態，從此股價開始出現比較大的下跌調整。

❖ 向下跳空

在股市中能夠在主升段的末期離場，然後回家數錢這是炒股最快樂的事。那麼，什麼樣的技術形態會給出這樣的提示呢？下面來分析一種賣在瘋狂階段的 K 線形態。

在行情上漲的末期，股價拉升速度往往比較快，此時主力已經開始邊拉邊賣，為了刺激散戶的衝動，股價往往出現跳空高開，造成還要暴漲的假象。在極端的誘惑下，散戶紛紛介入，主力悄悄退出，股價很快出現轉升為跌，套牢貪婪的散戶，這是股價見頂的一種強烈訊號，其盤面特點如下。

(1) 股價短期進入快速拉高階段，或者股價處於累計漲幅較大的牛市末

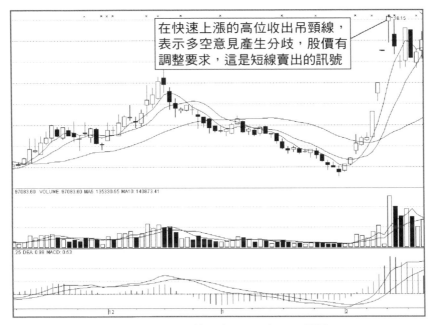

▲ 圖 4-8　深天地Ａ（000023）日Ｋ線圖

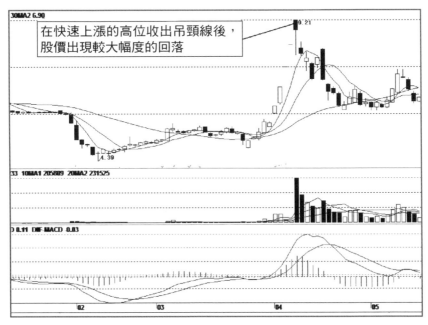

▲ 圖 4-9　國瓷材料（300285）日Ｋ線圖

期，板塊和個股有明顯的瘋狂跡象。

（2）股價處於拉升之中，但在上漲過程中很少出現向上跳空現象，可是忽然在高位大幅跳空高開，留下一個當天沒有回補的跳空缺口。

（3）股價遠離均線系統，乖離率偏大，上升角度大於 75 度。

（4）在當天的震盪過程中，伴隨著巨大的成交量，但若漲停可能量不大。

判斷這類個股的方法，如果是正常的上漲，那麼在向上跳空的當天，股價必須封於漲停或收出大陽線，且第二天也必須強勢上漲，再收漲停或大陽線。如果第二天股價震盪回落，收出下跌陰線，那麼，就可以肯定前一天的向上跳空就是一個巨大的陰謀、美麗的陷阱，投資人應儘快離場。

如圖 4-10 中信建設（601066）的 K 線圖所示，該股主力成功完成建倉後，經過一段時間的爬高「熱身」，股價出現加速上漲，形成一波主升段行情，短期股價漲幅較大。2019 年 3 月 7 日，受上漲慣性影響，股價跳空高開，盤中快速漲停。可是，第二天股價卻出其不意地跳空到從跌停板開盤，盤中一度翻紅後回落，當天以跌停板收盤。這種盤面充分暴露了前一天主力誘多跳空高開的陰謀，此後股價進入中期調整走勢。

如圖 4-11 龍韻股份（603729）的 K 線圖所示，該股主力成功完成建倉後，2019 年 3 月 6 日放量向上突破，股價連拉 5 個漲停，形成一波主升段行情。3 月 13 日，受上漲慣性影響，股價跳空高開，盤中大幅震盪，當天收出一根吊頸線。次日，股價跳空低開 6.13% 後，快速震盪走低，當天收於跌停板。這種盤面說明主升段即告結束，後市股價進入中期調整走勢。

❖ 多頭潰退

經過一場激烈的拉升之戰後，股價出現了一段可觀的漲幅，之後盤面很快進入一個震盪盤整階段。一般而言，當股價繼續上漲的時候，保持一個窄幅震盪的特點，而當股價向下的時候，靠什麼判斷一波行情的結束呢？可以股價跌破 10 日均線或 30 日均線時，作為結束短期行情的一個標誌，這就意味著一個階段的失敗，其盤面特點如下。

（1）經過一波或幾波階段性的上漲行情之後，股價出現上攻乏力。

（2）中陰線（5%）跌破 10 日均線支撐，10 日均線反轉向下。

（3）30 日均線高位走平，表示主力在震盪築頂之中出貨了大量的獲利籌

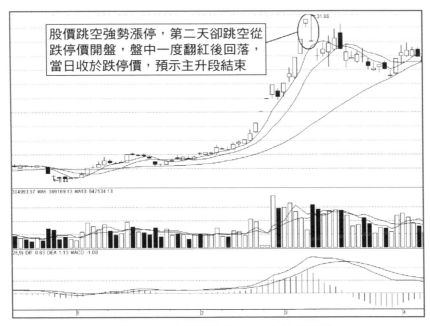

股價跳空強勢漲停，第二天卻跳空從
跌停價開盤，盤中一度翻紅後回落，
當日收於跌停價，預示主升段結束

▲ 圖 4-10　中信建設（601066）日 K 線圖

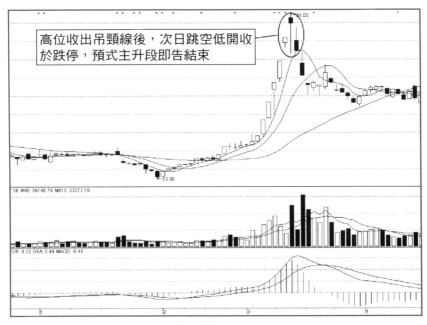

高位收出吊頸線後，次日跳空低開收
於跌停，預式主升段即告結束

▲ 圖 4-11　龍韻股份（603729）日 K 線圖

碼，隨後出現破位下跌走勢，此為最後一次撤退的機會。

如圖 4-12 張江科技（600895）的 K 線圖所示，該股經過「前快後慢」兩波主升段後，主力獲利十分豐厚，不斷在高位兌現獲利籌碼，市場進入築頂出貨階段。隨著震盪行情的延續，30 日均線上行速率漸漸放緩，且轉為平走跡象。2019 年 4 月中上旬，股價向下有效擊穿 30 日均線的支撐，從此多頭放棄護盤行為，主升段徹底結束。

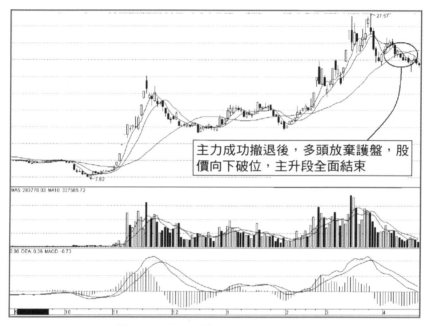

主力成功撤退後，多頭放棄護盤，股價向下破位，主升段全面結束

▲ 圖 4-12　張江科技（600895）日 K 線圖

❖ 漲後餘波

　　股價經過主升段的快速上漲後，主力雖然獲得巨大的帳面獲利，但很難快速在高位兌現獲利籌碼，因此經常出現牛股「第二衝」的走勢，大多屬於主升段的「餘波」行情。「餘波」的上漲強度和幅度，視主力獲利籌碼的兌現程度而定，也有受題材、概念的熱度影響。這種盤面類似「M 頭」形態，投資人可以根據雙重頂形態進行研判。

　　如圖 4-13 誠志股份（000990）的 K 線圖所示，該股從 13 元下方開始被成功炒高到 30 元之上，主力獲利非常豐厚，此時當務之急就是兌現獲利籌碼，但主力出貨需要時間和手法，而拉高是最好的一種出貨手法。

　　當股價再次向上拉起時，不少散戶以為新的上漲行情開始，也不由自主地加入到買盤之中，這時容易出現一波虛假的「牛股二衝」走勢。當主力大幅減倉後，股價在 2019 年 4 月 10 日開始出現向下盤弱走勢。

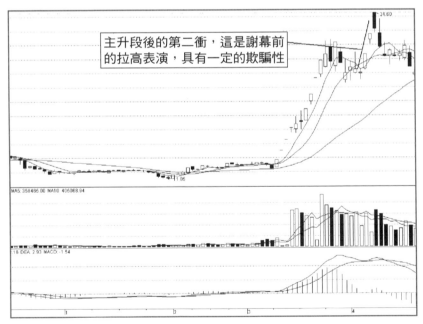

主升段後的第二衝，這是謝幕前的拉高表演，具有一定的欺騙性

▲ 圖 4-13　誠志股份（000990）日 K 線圖

如圖 4-14 國風塑業（000859）的 K 線圖所示，2019 年 2 月 12 日，該股向上突破底部盤整區後，股價連拉 10 個漲停，主力獲利非常豐厚，但主力很難一次性出貨獲利籌碼。

於是，經過兩個交易日的整理後，出現欺騙性主升段之後的「餘波」行情，盤面出現「第二衝」走勢。當主力兌現了大量的獲利籌碼後，以一根「飛針刺天」K 線形態，結束了整個主升段行情，股價進入弱勢調整。

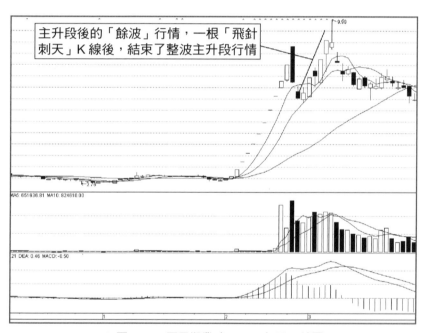

▲ 圖 4-14　國風塑業（000859）日 K 線圖

4-2

主升段結束後的
2 種常見走勢

　　個股經過主升段上升後，主力利潤已經非常豐厚，有的主力產生急於兌現獲利籌碼的心態，因而選擇直接打壓股價往下出貨，實現快速出貨的目的。

　　而部分控盤較高的主力會在該股主升段結束後，選擇在高位橫盤震盪進行出貨。特別是在當時大盤環境還可以的情況下，多數主力會選擇維持股價在高位橫盤震盪進行出貨。因此，主升段結束後通常會出現兩種基本的走勢：一是快速回落，二是橫盤震盪。

❖ 快速回落

　　在股市中有主升段，也必然有與之對應的主跌段。股價經過一波暴漲式主升段之後，漲幅十分巨大（一般超過一倍以上），主力獲利非常豐厚。暴漲式主升段包括連續漲停板式、連續大陽線式和大陽小陰組合式三種，在形態上股價緊貼 5 日均線上行，10 日均線作為回檔極限位置。由於這種主升段短期漲速飛快、幅度巨大、角度陡峭，一旦股價停止上攻時，很容易引發巨大的賣盤出現，從而導致股價快速回落，構築一個類似於倒 V 形反轉形態。

　　如圖 4-15 華東科技（000727）的 K 線圖所示，2019 年 2 月 13 日，股價向上突破底部盤整區後，開啟一波主升段行情，短期漲幅超過 150%。此時，主力兌現獲利籌碼心切，加上該股基本面欠佳，難以維持股價在高位震盪。3 月 8 日衝高回落後，出現快速下跌，股價進入弱勢調整。

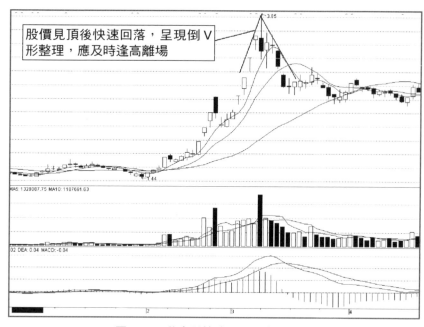

股價見頂後快速回落，呈現倒 V
形整理，應及時逢高離場

▲ 圖 4-15　華東科技（000727）日 K 線圖

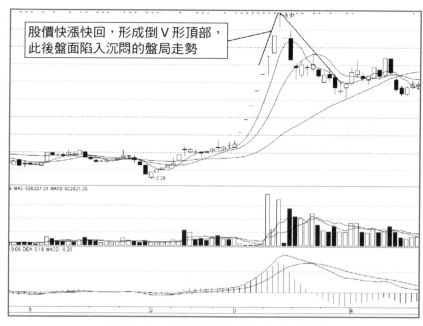

股價快漲快回，形成倒 V 形頂部，
此後盤面陷入沉悶的盤局走勢

▲ 圖 4-16　安控科技（300370）日 K 線圖

如圖 4-16 安控科技（300370）的 K 線圖所示，主力在低位吸足籌碼後，在 2019 年 3 月發動一波暴漲式主升段行情，股價連拉 8 個漲停，漲幅超過一倍。短線出現明顯的超買現象，盤中堆積了大量的獲利籌碼。在沒有任何徵兆的情況下，3 月 14 日突然一字形跌停，上漲氣焰瞬間湮滅。從此股價快速脫離頂部，形成「望斷天涯路」的絕頂，盤面進入弱勢調整。

上述兩個例子就是典型的主升段之後，出現主跌段的走勢，股價快漲快跌，投資人遇到這種走勢時，應當速戰速決，以倒 V 形頂的思路去研判後市走勢。此外，這種形態大多出現在漲速極快、漲幅極大的主升段之中，根據主升段的上漲形態，也能預料到有快速回落的可能，所以是一種較好的參考依據。

❖ 橫盤震盪

大家知道，主力出貨並不是一兩天的事，而是需要一個長時間的過程，這就形成橫盤震盪走勢。這類形態大多出現在上漲相對較慢的主升段之中，其特徵是判斷買賣的重要依據。

橫盤震盪的結果也有兩種走勢：一是橫盤後再次上漲誘多；二是橫盤後選擇向下破位。

1. 橫盤後再次上漲

在高位經過一段時間的橫盤整理後，股價再次出現上漲，並創出新高，大有展開第二波主升段之勢，但漲幅並不大，通常是一波漲後「餘波」行情，實質就是主力騙人的誘多手法。

如圖 4-17 武漢中商（000785）的 K 線圖所示，2019 年 1 月，股價連拉 5 個一字形漲停板後，主力在高位悄然兌現獲利籌碼，盤面形成橫盤整理形態。在整理過程中，主力為了吸引散戶追漲，3 月 6 日股價向上突破創出新高，以此誘多散戶追漲買入。然後，股價快速回落到前期整理平台附近，繼續橫向震盪出貨。在此整理階段，成交量大幅萎縮，短期顯然失去上攻能力，投資人應及時離場。

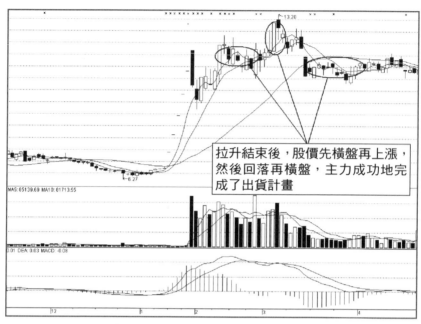

拉升結束後，股價先橫盤再上漲，然後回落再橫盤，主力成功地完成了出貨計畫

▲ 圖 4-17　武漢中商（000785）日 K 線圖

2. 橫盤後向下破位

在高位經過一段時間的橫盤整理後，主力基本上完成出貨計畫，最後股價選擇向下破位，徹底結束一波主升段行情。

如圖 4-18 銀之杰（300085）的 K 線圖所示，2019 年 2 月 22 日，股價放量向上突破後，開啟一波大幅上漲的主升段行情，10 個交易日出現 9 個漲停，主力獲利非常豐厚。然後在高位強勢震盪，從而形成橫盤整理形態。主力在震盪中悄然出貨，成交量大幅萎縮，30 日均線走平，預料短期股價難有起色。當主力成功完成出貨之後，股價選擇向下盤跌是遲早的事，投資人應逢高離場。

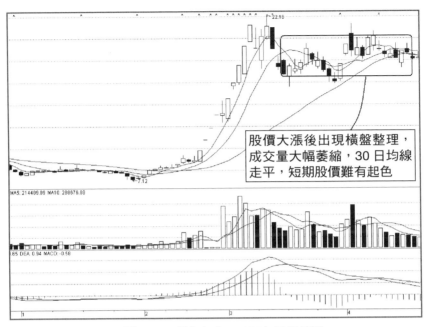

股價大漲後出現橫盤整理，
成交量大幅萎縮，30 日均線
走平，短期股價難有起色

▲ 圖 4-18　銀之杰（300085）日 K 線圖

4-3

主升段的風險，
有這些控制技巧

在股市中，獲利和虧損總是緊密地聯繫在一起，由於市場處於主升段之中，股價走勢形態較好，市場人氣沸騰，此時投資人容易失去理智，常常不顧一切地追高、追漲，忽視了對風險的防範。其實，沒有只漲不跌的股票，**任何牛市都需要有調整休息的時候，任何牛市也都有終結的一天，因此做好主升段行情的風險控制尤為重要。**

1. 牛市主升段中被套更具風險

牛市有風險，主升段的風險更高。有些投資人認為，風險是熊市的產物，牛市中股價處於上升階段，沒有什麼風險。事實上這是一種錯誤的觀念，隨著股市的不斷擴張，市場交易量的日益增大，股票數量的日益增多，即使在走勢強勁的牛市中，也有相當比例的個股不會隨大盤同步上漲。

此外，當投資人持有的個股出現見頂跡象，或者持有的是非市場主流以及逆市下跌的股票，都具有一定風險。特別是在公司基本面出現重大變化，或投資人對行情的研判出現重大失誤時，更需要注意防範風險。

在牛市主升段中被套，比在熊市中被套更加可怕，熊市中被套還能指望將來行情走好之際解套獲利，而如果在主升段的最高峰被套，有可能根本沒有解套的機會。比如，當年追漲億安科技（000008，易名為「神州高鐵」）主升段的投資人至今仍然解套無望，有的股票現價只有當初股價的十幾分之一，跌得十分悲慘。

2. 投資風險的顯性和隱性

　　股市中的投資風險可分為顯性和隱性，有些風險比較明顯，常常令人恐懼，而有些風險比較隱蔽，讓人不怎麼感到恐懼，但其危害性反而更大。在跌市中風險表現得較明顯，而在漲市中風險卻顯得隱蔽。投資人在人氣活躍的市場中，往往不重視市場的投資風險。

　　事實上，如果不保持警惕的心態，在漲升行情中一樣會出現投資失誤。有許多投資人在熊市中操作時總是小心謹慎，不會輕易追高，即使遭遇風險，造成的損失也有限。可是等到市場趨勢轉強時，投資人漸漸放棄原有的警惕，操作中的大膽追高就顯露出來，這時一旦遭遇風險，往往會遭受嚴重損失。

　　在跌市中，股價不斷下跌的過程，正好是風險不斷釋放的過程，這時候投資人不能因為過於注重風險，而忽視了市場的投資機會。可是在漲升行情中，股價不斷上漲的過程正好是風險集聚的過程。因此，隨著股價的不斷上升，投資人更要提高警覺。證券市場是一個優勝劣汰、弱肉強食的市場，稍一疏忽，就會招致套牢之苦。

3. 主升段結束後走勢如何演化

　　趨勢一，隨著主升段的結束，股價就此走弱。這種走勢比較明確，有一定投資經驗的投資人會堅決停損。

　　趨勢二，主升段行情結束後，股價稍作整理繼續展開進一步上攻行情，形態比較類似波浪理論中的第 5 浪。其實，這時個股的上攻動能已經是強弩之末，但主力為了在高位順利出貨，不惜製造種種題材、概念等消息，在盤面上透過早市開盤和尾市收盤時，瞬間拉高等手段，吸引中小投資人跟風追漲。

　　兩者比較而言，後一種走勢更具有吸引力，也更有殺傷力。

4. 主升段行情的風險控制

　　應注意主力高比例控盤的個股，這類個股經常能為投資人帶來豐厚的利潤，但是由於主力高度控盤，對個股行情的上漲動力、持續時間和未來演化狀態都比較難以掌握，風險自然是不言而喻。

　　投資人在實際操作中，一定要適可而止，特別是在炒作比較順利有所獲

利時，要把握時機，及時變現。在市場整體趨勢向好之際，不能過於盲目樂觀，更不能忘記了風險的存在而隨意追高，導致前功盡棄，也不能太過於貪心，不要試圖賺取最後一分利潤。

5. 主升段中的風險控制方法

在漲升行情中，要適當控制資金投入比例，對市場做多方面的因素分析，投資人應該以 1/3 資金參與強勢股的追漲炒作，以 1/3 資金參與潛力股的中線投資，並留下 1/3 資金做後備資金，在大盤出現異常變化時使用。

在漲升行情中，最適合的資金投入比例是控制在 70% 以內，並且要隨著股價的不斷上升，適當地進行變現操作。

不要跟隨大盤漲跌頻繁追漲殺跌，不要擔心失去機會，因為股市從來不缺少機會，在牛市的上漲趨勢的任何時候建倉都來得及。牛市獲利的關鍵在於選股和選時，保持一份冷靜，防範風險，才能更好地把握市場機會。

學會看主升段的規律，
散戶也可以大賺波段！

　　快速捕捉主升段，抓住牛股起飛並不難。

　　筆者經過很長一段時間的梳理，潛心研究、實盤追蹤，終於把主升段的運行規律、實盤技巧，提煉成為一套完整的操作體系，將它奉獻給在股市中曾經賠錢或想要穩定獲利的投資人。

❖ 活用技術分析，捕捉主升段並不難

　　當前市場中的主升段，其基本規律莫過於如此，但是股市變化莫測，主升段走勢千姿百態，很難一概全貌，加上受主力行為影響，有些盤面現象不可能事先被發現，只有在市場運行過程中，才逐漸地被人們發覺和認識。需要指出的是，主升段運行有一定的規律，但沒有固定的模式。而且，因不同市況、不同個股、不同主力以及不同人的心理因素，其分析結果也各不相同，甚至千差萬別。

　　所以，希望投資人將本書中的原理和方法，在即時行情中進行活學妙用，切不可用固定的模式去生搬硬套。在實戰中，投資人應不斷積累經驗、探索規律，感悟股性，逐步形成一套適合自己的捕捉暴漲行情的技法。只有這樣，才能在瞬息萬變的市場裡，用敏捷的思維能力對市場作出彈性的分析和處理，達到融會貫通、應變自如，在股市中立於不敗之地。

　　誠然，投資人當抱以學海無涯的態度，在分析研判主升段過程中，緊扣即時盤面，從實踐中一點一滴地積累經驗和技巧，才會領略到箇中樂趣，因為技術分析的至高境界，需要時間印證和經驗積累，才能把方法運用到極致。若能做到以上，捕捉主升段並不難，相信不少讀者朋友將來就是從股市裡蹦出來的一匹「大黑馬」，成為引領時代發展的「主升段」。

235

❖ 借鑑他人經驗及研究成果，更貼近投資人需求

　　筆者深知要感謝給予幫助的人太多，有太多的人可以分享這本書出版的榮譽。沒有廣大讀者朋友的認可，就沒有本書的生存市場，更不會使這些技術得以推廣，所以第一個要感謝的是讀者朋友的支持。

　　在成書過程中，得到了不少專家、學者的精心指導，使之有一個恰當的定位，能夠更加滿足投資人的願望，也更加貼近實際盤面，更加靈活實用。書中內容雖然表達了作者個人的觀點和見解，但也借鑑了他人的一些研究成果、實戰經驗、專業知識等，這些材料在理論和實踐中都具有很高的創造性，是十分珍貴的，所以要十分感謝他們。如果沒有他們與大家共同分享其專業知識和投資理念，也就無法達到現在的研究水準。在此對這些專業人士致以最衷心的感謝，感謝他們如此慷慨地與大家分享專業知識。

　　股市變幻莫測，牽涉的內容也非常廣。筆者儘管竭盡全力，努力減少書中的錯誤，但百密一疏，書中難免疏忽之處。敬請廣大讀者不吝斧正，並多提出寶貴意見，以便在今後再版時進一步改進和提高。願本書為廣大朋友在實際操作中帶來一點啟示、創造一份財富。如是，我將深感欣慰。

麻道明

2019 年 6 月於中國楠溪江畔

NOTE

NOTE

NOTE

國家圖書館出版品預行編目（CIP）資料

最狂「主力剋星」教你用140張圖學會　技術線型賺大波段：該如何抓到台積
電，從50元漲到680元的買賣秘訣？／麻道明著. -- 新北市：大樂文化有限公司，
2022.03
240面；17×23 公分
ISBN 978-986-5564-84-1（平裝）
1.CST：股票投資　2.CST：投資分析

563.53
111001240

MONEY 052

最狂「主力剋星」教你用 140 張圖學會 技術線型賺大波段

該如何抓到台積電，從 50 元漲到 680 元的買賣秘訣？

作　　者／麻道明
封面設計／蕭壽佳
內頁排版／江慧雯
責任編輯／林育如
主　　編／皮海屏
發行專員／鄭羽希
財務經理／陳碧蘭
發行經理／高世權、呂和儒
總編輯、總經理／蔡連壽
出 版 者／大樂文化有限公司（優渥誌）
　　　　　地址：220新北市板橋區文化路一段268號18樓之一
　　　　　電話：（02）2258-3656
　　　　　傳真：（02）2258-3660
詢問購書相關資訊請洽：2258-3656
郵政劃撥帳號／50211045　戶名／大樂文化有限公司

香港發行／豐達出版發行有限公司
地址：香港柴灣永泰道 70 號柴灣工業城 2 期 1805 室
電話：852-2172 6513　傳真：852-2172 4355

法律顧問／第一國際法律事務所余淑杏律師
印　　刷／韋懋實業有限公司

出版日期／2022年3月21日
定　　價／350元（缺頁或損毀的書，請寄回更換）
I S B N　978-986-5564-84-1